장성남 에세이

기억이 나를 멈추게 한다면

초판 1쇄 발행 2022년 7월 31일

지은이 · 장성남
펴낸이 · 한주은
편집 · 도서출판 클북 편집부
발행처 · 도서출판 클북
등록 · 504-2019-0000002호 (2019. 2. 8.)
　　　경북 포항시 북구 양덕로 16, 기쁨빌딩 3층
　　　054-255-0911　054-613-5604(fax)
　　　ask.gracehan@gmail.com

　　　ISBN 979-11-92577-00-5

이 책의 국립 중앙도서관 출판예정도서목록은 서지정보 유통지원 시스템 홈페이지(http://seoji.nl.go.kr)와 국가자료 공동목록 시스템(http://nl.go.kr.kolisnet)에서 이용하실 수 있습니다.

기억이 나를 멈추게 한다면

기억이 당신을 멈추게 한다면
무언가를 써야 한다는 신호다

프롤로그

기억이 당신을 멈추게 한다면 13

멈춤, 여기서 나는

1장 우리는 어떻게든, 어른이 되어갔다 23

시간이 멈추다 27
우물 속에 갇힌 나 34
회오리 바람 43
제발 멈춰 주세요 49

2장 당신은 누구입니까? 63

난 잘못 태어난 걸까? 67
짝퉁 가방 79
구멍 뚫린 가슴 91

떠남, 기억의 숲으로

3장 언젠가 잃어버린 것들 103

기억의 숲을 찾아서 107
만약 내가 아들이라면 117
산골 소녀의 봄 124
천사들의 사랑 132
엄마의 눈물 바다 145

나아감, 투 비 컨티뉴드

4장 최후의 나, 최초의 악수　　165

어린 시절 기억쓰기를 만나다　　169
마음의 빗장을 풀다　　176
셀프 테라피　　184
나를 찾아가는 여정　　193
자존감에 새 살이 돋아　　199

5장 투 비 컨티뉴드　　209

질문이 바람처럼　　213
응원할께　　226
나만의 무늬　　239

에필로그

저마다 어린 시절을 간직하고 있다　　251

프롤로그

기억이 당신을 멈추게 한다면

 금은 장식품이 아이들 장난감인 나라가 있다. 요강이나 노예를 묶는 사슬, 무거운 족쇄는 금은으로 만들고 범죄자는 금귀고리나 금가락지를 끼고, 목에 금 사슬을 하고 황금 머리띠를 하고 다니게 한다. 이 나라는 금덩어리를 하찮게 취급하고 실생활에 꼭 필요한 쇠를 가치 있게 생각한다. 흔하지 않다는 이유로 값어치를 매기는 행위는 어리석은 인간의 짓이라 여긴다. 1516년, 토머스 모어가 쓴 『유토피아』에 나오는 이야기다. 토머스 모어는 금은보석으로 자신들의 부와 지위를 자랑하는 당시 유럽 사회를 비판했다.

유토피아는 세상에 없는 나라, 현실 가능성이 없는 나라지만 삶에서 가치 있고 중요한 일이 무엇인지 고민하게 한다. 눈앞에 닥친 일에 쫓기며 살아갈수록 가슴속에 품고 있던 유토피아 같은 섬은 점점 멀어진다. 무엇인가를 분별하는 일은 쉽지 않다. 누군가는 금은보석을, 누군가는 쇳덩이를 최고의 가치로 평가한다. 무엇이 중요한지 혼란스럽다. 그믐달이 먹구름을 헤매던 밤, 걷잡을 수 없는 폭풍을 만났다. 유토피아를 향해 떠난 내 인생의 배는 암초에 걸려 꼼짝달싹하지 못했다. 나의 유토피아는 어디에 있을까?

지난날이 영화 속 장면처럼 흘러갔다. 빈 들판을 지키고 있는 허수아비 같은 내 모습이 보였다. 기억이 나를 멈추었다. 어린 시절을 찾아 기억의 숲으로 들어갔다. 발걸음을 멈춘 곳에서 나를 만났다. 그 숲에서 어린 시절 나와 함께 울면서 눈물을 닦아주고 들썩이는 어깨를 감싸 안았다. "최선을 다한다면 인정받을 거야, 누구보다 잘한다면 성공할 거야. 성공한다면 아무도 무시하지 못할 거야. 나는 필요한 존재, 사랑받는 존재가 될 거야." 이런 가치관이 줄기차게 나를 따라다녔다. 내 가슴에 어린 시절 상처가 뿌리내리며 굳어진 신념이 가치관으로 자리 잡았다는 것을 깨달았다.

떠오르는 어린 시절 기억을 하나씩 써 내려갈수록 감당하기 힘들었던 아픔은 눈물이 되어 뚝뚝 녹아내렸다. 어둠에 갇혔던 영혼이 신선한 공기를 들이켰다. 자신을 이해하고 인정하기 시작하자 소중한 사람들이 보이기 시작했다. 나를 사랑할 용기가 싹텄다.

기억의 숲에는 우리 모두의 어린 시절이 숨어있다. 기억이 당신을 멈추게 한다면 무언가를 써야 한다는 신호다.

어린 시절을 찾아
기억의 숲으로 들어갔다
발걸음을 멈춘 곳에서
나를 만났다

1부 멈춤,

여기서 나는

1장

우리는 어떻게든, 어른이 되었다

나는 무얼 바라

나는 다만, 홀로 침전하는 것일까

윤동주, 「쉽게 씌어진 시」

시간이 멈추다

누군가 쫓아오고 있었다. 안간힘을 다해 도망쳤다. 잡히면 죽을 것 같았다. 가랑이가 찢어질 만큼 뛰었다. 어느 순간 커다란 산봉우리를 한 걸음에 껑충 건너뛰기도 했다. 한참 쫓기다 깜짝 놀라 눈을 떴다. 방망이질하는 심장을 진정시키며 심호흡을 했다. 같은 꿈에 시달렸다. 악몽에서 깨어나길 바랐지만 쉽게 눈을 뜰 수 없었다. 이쪽 산봉우리로 뛸까? 저쪽으로 뛸까? 고민하며 쫓겨 다니기 바빴다. 아무리 외쳐도 외마디 소리조차 나오지 않았다. 더 달릴 힘을 잃었을 때 꿈에서 깨어났다.

'쫓기는 나. 죽을 힘을 다해 도망치는 나. 어떤 무의식의 세계가 나를 점령하고 있는 것일까?' 며칠 전 그 꿈이 생생하게 기억났다. 산봉우리를 뛰어넘으며 살기 위해 도망치는 모습이 지금까지 살아온 내 삶의 방식이 아니었을까 하는 생각이 들었다. 내 능력을 초월한 몸짓이었다.

한계를 넘어야 만족하고 안심하는 방식으로 살아온 지난날들이었다. 벼랑 끝에서 버텨내지 못하면 절벽 아래로 떨어질 것 같은 불안감에 늘 초인적인 힘을 내야만 했다. 사소한 일에도 전력을 다해야 흡족했다. '세수하는데도 왜 항상 손에 힘이 잔뜩 들어갈까?' 무엇이든 있는 힘을 다해야 만족하는 습관이 배었다. 잠잠한 삶이 이어지면 기운이 빠졌다. '편안한 삶을 두려워하는 것일까? 폭풍 전야 같은 불안감이 스며들기 때문일까?'

한계치를 목표로 삼고 발버둥 칠 때 살아갈 자격이 있다고 믿었다. 언제까지 이런 삶을 지속할 수 있을까? 하는 생각이 들 때마다 오뚝이처럼 벌떡 일어났다. 태엽을 감아주면 다시 생생해지는 장난감처럼 움직였다.

20년 전, 보험영업을 시작했다. 타지에서 보험영업은 만만치 않았다. 눈에 띄는 곳마다 문을 두드렸다. 사탕이나 청소박사 같은 사은품을 찍은 전단을 한 가방씩 들고 다니며 "꼭 읽어 보세요." 입이 닳도록 인사했다. 구두 안쪽 발가락이 휘도록 돌아다녔다. 남에게 아쉬운 소리 하는 게 죽기보다 싫었지만, 보험에 대한 일종의 사명감 덕에 극복할 수 있었다.

고객의 마음과 시선을 살피며 집중했다. 잠자리에 들기 전까지 고객에 관한 관심을 떨칠 수 없었다. 참는 값이 월급이라는 말처럼 참는 값으로 고객의 신뢰를 얻었다. 신뢰와 성실을 무기로 고객들과 관계를 쌓아갔다. 조금씩 성과를 내고 소득도 차츰 올라갔다. 때로는 잘못한 것이 없어도 고객 앞에서 무릎을 꿇고 고개를 숙여야 할 때도 잦았다. 나는 중요하지 않았다. 나보다 가족이 먼저였고, 가족보다 고객이 우선이었다.

..

티격태격하던 결혼생활은 10년을 넘기지 못했다. 두 딸을 혼자 키울 용기를 낸 것은 직장 덕이었다. 이혼 후 생활을 압박해 오는 부채와 이자를 감당하기 벅찼다. 덜컥 이혼했지만, 세상에 던져진 8살, 10살 두 딸과 30대 중반인 나는 누구에게도 사정을 말할 수 없었다. 숱한 고민을 다 들어주었던 고객도, 부모·형제에게도 말하기 힘들었다. 혼자 결정하고 혼자 감당했다. 이혼이 모두에게 죄를 짓는 것처럼 미안하고 부끄러웠다. 아무런 내색도 하지 않았다. 내 선택을 책임지겠다는 생각뿐이었다.

작은 아파트를 처분하고 월세로 옮겼다. 1층은 오락실, 2층은 노래방인 상가의 3층이었다. 계단은 술 냄새에 찌들어 있었다. 밤에 불을 켰더니 부엌 겸 거실에서 바퀴벌레들이 곳곳으로 달아났다. 바퀴벌레 소굴이었다. 몇 차례 바퀴벌레는 잡는 연기를 피우고 약을 붙였다. 계단은 물청소를 수시로 했다. 바퀴벌레는 좀처럼 사라지지 않아 한동안 밤마다 곤욕을 치렀다. 어린 딸들이 무서워할까 봐 놀랜 기색도 할 수 없었다. 여자는 약하나 엄마는 강하다는 사실을 실감했다. 바퀴벌레는 차츰 사라졌지만, 새벽마다 술 취한 사람들의 싸움 소리는 끊이지 않았다. 베개에 머리가 닿으면 노래방 소리는 자장가처럼 들렸다. 새벽마다 창문 밖 싸움 소리는 꿈처럼 들리다가 점차 커지면서 저절로 잠이 깼다. 계단을 밟아오는 발소리가 가까이 들리는 날이면 숨을 죽였다.

원망하고 슬퍼할 겨를도 없이 그 집에서 730일을 채우고 이사했다. 오로지 회사 일에 집중하고 최선을 다한 보상이었다. 그 후 연봉 1억을 달성했다. 딸은 둘 다 중학생으로 자랐다.

경제적으로 안정을 찾고 마음의 여유가 생기기 시작할 때였다. 둘째가 학교 집단폭행에 가담했다는 전화 호출을 받았다. 딸의 사춘기 방황은 끝이 없었다. 딸의 행동에 따라 내 모든 촉각이 곤두섰다. 나는 망망대해에서 휘청거리는 조각배 같았다.

삶이 하루아침에 무너졌다. 공 들여쌓은 탑에 기둥 하나를 빼낸 것 같았다. 고집스럽게 버텨온 내 삶은 딸 앞에서 아무것도 아니었다.

'열심히만 하면 무엇이든 이룰 수 있다. 불가능한 것은 노력이 부족하기 때문이다.' 내 가치관처럼 이 문제도 방법만 찾으면 곧 해결할 수 있으리라 믿었다. 딸이 잘 될 수만 있다면 무엇이든 주저하지 않았다. 내가 할 수 있는 모든 방법을 동원했다. 내가 해결 방법을 모색할수록 딸은 점점 더 멀어졌다.

아이가 착한 딸로 돌아올 수만 있다면 무엇이라도 하고 싶었다. 딸아이 또래가 친구와 재잘대며 걸어가는 모습이 눈에 들어왔다. 아이들을 한참 쳐다보는데 눈물이 주르륵 떨어졌다. 딸이 집을 나간 지 며칠이 지났다. '얘가 어디서 무엇을 하고 있을까? 그냥 평범할 수 없을까? 친구들처럼 교복을 입고 길거리에서 재잘대며 걸어가면 안 되겠니?' 먹먹함은 원망으로 바뀌었다.

시간이 멈추었다. 초등학교 4학년 산골 소녀가 나타났다. 학교에 가고 싶었다. 농사일이 바쁜 봄철. 담배 모종을 심을 시기였다. 엄마는 동생을 낳고 아파서 일을 제대로 못 하고 동생은 어렸다. 농사일은 아버지와 내 몫이었다.

"내일은 학교에 가지 마라. 담배 심어야 한다."

아버지의 명령이었다. 떨리는 목소리로 물었다.

"아버지, 모레 소풍 가는 날 결석하면 안 돼요?"

공부에 지장을 받고 싶지 않은 욕심에 아버지를 설득해 학교에 갔다. 막상 소풍날 아침이 되자 소풍이 너무 가고 싶었다.

"아버지, 소풍 가면 안 돼요?"

눈치를 보며 한마디 했다. 아버지는 소리를 질렀다. 아침부터 매를 맞았다. 소풍 가고 싶은 마음을 혼자 잠재울 수 없었다. 아버지의 고함과 매가 나를 멈추게 했다. 흐느끼며 밭으로 향했다. 밭으로 가는 길은 멀었다.

엄마는 일찍 부모님을 여의고 외삼촌 집에서 자랐다. 외삼촌은 집안일이 바빠 엄마의 입학을 미루었고 6·25 전쟁이 터지는 바람에 학교는 물 건너가 버렸다. 엄마가 살면서 글을 배우지 못한 서러움은 이루 말할 수 없었다. 굶어 죽어도 자식은 꼭 공부를 시켜야겠다고 결심한 엄마는 식당 일을 해서 4남매를 키웠다. 새벽에 식당에 나가 밤중에 퇴근했다. 내가 공부하고 있으면 아무것도 시키지 않았다. 매일 천 원씩 돈을 모아 나를 대학에 보냈다.

꿈을 이루기 위해 공부를 잘해야 한다. 이를 위해서는 부모의 뒷받침이 필요하고 공부를 못하면 인생 낙오자가 된다고 믿었다. 출근하기 전에 딸을 교문 앞까지 태워줘도 몰래 학교를 빠져나왔다. 학교 마칠 시간에 교문 앞에서 기다렸다가 학원 앞에 데려다줘도 소용없었다. 아예 집에 들어오지 않는 날도 있었다. 내가 선 곳이 지옥의 끝처럼 느껴졌다. 딸의 행동 하나하나가 내 상처에 소금을 뿌리는 것 같았다.

'내가 제대로 키웠더라면, 남편이 조금만 잘했더라면, 이혼만 하지 않았어도 아무 문제가 없었을 텐데. 이혼해서 벌을 받았나?' 죄책감이 밀려왔다. 타인 탓, 내 탓. 모두 돌이킬 수 없는 원망으로 가득 찼다.

딸을 문제아로 치부하고 오로지 해결 방법을 찾기 바빴다. 왜 학교에 가기 싫은지 딸의 처지에서 들어보고 마음을 헤아릴 생각은 못 했다. 고민했던 방법들이 실패로 돌아가자 불안했다. 아무리 최선을 다해 봐도 허사였다. 그렇다고 포기할 수 없었다. 새로운 방법을 시도할수록 더 깊은 늪으로 빠져든다는 것을 깨닫는 순간 다 포기하고 싶었다. 고통이 온몸을 파고들었다.

우물 속에 갇힌 나

'내가 죽으면 딸이 후회하고 정신을 차리겠지. 어떻게 죽을까? 남에게 피해를 주면 안 되겠지. 차에 탄 채 바다에 뛰어들까?' 자살을 생각했다. 장례식장에서 울면서 후회하고 정신 차리는 딸의 모습을 수없이 상상했다. 같이 죽어야겠다는 생각도 했다. '길에서 마주치면 확 치어버리고 같이 죽어버릴까?' 무서운 생각이 악마처럼 덤벼들었다. 섬뜩했다. 온갖 생각이 다 들었다.

아이들이 초등학교에 입학하면 엄마가 챙겨야 할 것이 많다.

휴직을 내는 엄마도 있지만 나는 신경 쓸 필요가 없었다. 유치원 때부터 바쁜 엄마를 이해하고 스스로 척척 챙기는 착한 딸이었기 때문이다. 쪽지 그림이나 편지를 몰래 내 가방에 넣어 나를 위로해 주기도 했다. 어린 딸이 주는 행복에 지친 몸을 추스르고 웃을 수 있었다. 딸은 중학교에 입학하고 사춘기가 되면서 돌변했다. 불만 가득한 얼굴, 반항적인 눈빛과 도전적인 태도는 기본이었다. 결석, 사고, 가출 등 TV에서나 보던 청소년들의 방황이 생생하게 펼쳐졌다. 모범생으로 살아온 나는 이해할 수 없었다. 눈앞이 캄캄했다. 인생은 순식간에 허물어지는 모래성 같았다.

'내가 뭘 잘못했지? 무엇이 문제일까?' 어떻게 해야 할지 몰랐다. 이대로 가면 영영 아이가 내 품으로 돌아오지 못할 것 같았다. 누구든지 붙들고 조언을 구했다. 개명하기, 정신과 치료, 청소년 상담, 전학시키기, 점쟁이 찾아가기, 마지막엔 조상의 억울한 넋을 달래는 굿까지 했다. 영혼이라도 팔고 싶었다.

사춘기는 자신의 목소리를 내고 싶은 과도기, 자연스러운 성장 과정이라는 말은 귀에 들어오지 않았다. 딸의 행동을 용납할 수 없었다. 내가 원하는 딸의 모습이 아니라면 같은 하늘 아래 공존할 수 없는 적대 관계로 여겼다. 방황하는 딸을 마음 밖으로, 집 밖으로 몰아냈다.

열정을 다하던 회사도 허수아비처럼 왔다 갔다 하기만 했다. 딸의 방황은 점점 더 심해갔다. 나는 깊은 우물 속에 갇혀 불안과 두려움에 떨었다. 딸이 잠잠하면 어떻게 하면 딸이 마음을 잡을까 눈치를 살피며 비위를 맞추려고 애썼다. 칼자루를 딸아이가 쥐고 있었다. 나는 찌르는 대로 칼끝을 피해 도망가는 신세가 되었다. 언제나 떳떳하고 당당하던 엄마의 모습은 사라지고 혼이 빠진 사람으로 변했다.

딸의 말과 행동을 믿을 수 없었다. 사사건건 감시, 감독하고 딸을 조종하려고 신경을 곤두세웠다. 눈앞에 안 보이거나 연락이 닿지 않으면 불안에 떨었다. 딸의 방황은 시간이 흐를수록 더 심각해졌다. 무거운 바위를 산 위로 밀어 올리기를 반복하는 시시포스의 형벌이 이보다 더 클까? 늪 한가운데서 허우적거리는 자신이 보였다. 이대로 가다가는 내가 정말 미쳐버리거나 삶을 포기할 것 같아 더 불안했다. 더는 버틸 힘이 없었다. 그만이 전쟁에서 벗어나고 싶었다. 내가 살아야겠다는 마음이 간절했다. 내 힘으로 아무것도 할 수 없다는 것을 깨달았다.

아이를 잘 키워야 한다는 책임감은 딸이 뱃속에 있을 때부터 유달리 강했다. 태교 책을 사서 읽고 그대로 실천했다. 태아와 이야기를 나누고 태교 일기를 썼다. 태아에게 책을 읽어주고 낱말카드를 직접 만들어 매일 가르치는 일이 즐거웠다. 전지를 사서 적당한 크기로 자르고, 색색의 물감으로 낱말을 적고 그림을 그려 색칠하거나 잡지를 오려 붙였다. 벽에 전지를 붙이고 칸을 만들어 카드를 수시로 바꾸어가며 하나씩 읽어주었다.

"아기야, 햇볕이 좋구나. 바람이 시원하네. 옥상에 가서 빨래 널자." 태교하던 습관이 배어 딸이 태어난 후에도 꽤 오랫동안 중얼거렸다. '어떻게 하면 장난감을 한 번이라도 더 잘 가지고 놀까?'를 생각하며 장난감을 정리했다. 아이들 눈높이와 손이 잘 닿는 곳에 동화책을 배치했다.

유아기까지는 조건 없는 사랑이 우러나왔다. 하지만 딸이 자랄수록 사랑의 빛은 점점 희미해져갔다. 잘 키워야 한다는 욕심이 생기면서 기대가 높아졌다. 유치원 시절부터 미술 학원과 피아노 학원에 보냈다. 다른 아이들과 비교하는 마음은 사랑을 퇴색시켰다. 학교에 입학한 후로는 딸들은 더 이상 어린아이가 아니었다. 내가 그랬던 것처럼 딸들도 애 어른이기를 요구했다.

엄마가 남동생을 낳던 날 아버지와 함께 밥을 짓고 미역국을 끓였다. 재래식 부엌에서 아궁이에 나무로 불을 지펴 밥을 했다. 여덟 살 때의 일이다. 엄마가 아프거나 바쁠 때, 동생이 태어날 때마다 밥 짓기는 늘 내 담당이었다.

농사철이면 농사일을 도와야 했다. 매년 농사는 실패를 거듭해 가난한 형편을 벗어날 수 없었다. 돈이 드는 학교 행사는 뭐든 알아서 포기했다. 소풍, 자습서, 수학여행 등은 꿈도 못 꾸고 미리 포기할 것 투성이었다. 나는 무시당하지 않기 위해 공부를 열심히 하는 수밖에 없었다. 철이 일찍 드는 것은 당연했다.

2010년대를 사는 딸이 1980년대의 어려운 환경 속에서 악착같이 살아온 내 기대를 만족시키는 것은 불가능했다. 해야 할 일을 지시하고 점검하며 다그치고 지적하는 말만 딱딱거리며 튀어나왔다. 아이들을 있는 그대로 바라보기만 해도 얼굴에 환한 웃음이 저절로 번지던 때는 사라졌다. 누워서 방긋방긋 웃고 옹알이를 하다가 "엄마, 엄마" 하고 아장아장 걸을 때까지였다.

자녀와 소통은 어떻게 하고 사랑은 어떻게 하는지 몰랐다. 갖가지 교육 지침서는 많지만 어떻게 하면 똑똑한 아이, 공부를 잘하는 자녀로 키우고 성공하게 할 것인가에 관한 책이 대부분이었다. 부모에게 보고 배운 것이 전부였다. 부모에게 받은 사랑법을 그대로 따라 했다. 어린 내가 정말 간절히 갈구했던 사랑이 무엇이었는지, 어떤 공감을 받고 싶었는지 잊어버렸다.

내가 어린 시절 느꼈던 결핍을 딸이 되풀이하지 않도록 충족시켜 주는 것이 최선이라고 믿었다. 먹이고 입히고 책을 많이 사주고 학용품을 잘 사주고 학원을 많이 보내는 것이 내가 생각한 최고의 자녀 사랑법이었다. 교육에 필요한 것이라면 무엇이든지 아낌없이 투자했다. 딸들에게 필요할 만한 것은 미리미리 챙겼다.

책을 읽어주고 한 권씩 읽을 때마다 스티커를 붙이고 용돈으로 유혹하던 시기도 저학년으로 끝났다. 바쁘다는 핑계로 책과 담을 쌓고 딸들에게만 책 읽기를 강요했다. 어려운 형편에 얼마를 투자한 전집이라는 본전 생각에 괴로웠다. 책은 마음의 양식이 아니라 근심거리였다. 엄마와 두 딸 사이 마음의 거리도 점점 멀어져 갔다. 딸들을 사랑하던 첫 마음은 어디로 갔을까?

밤늦도록 딸이 집에 들어오지 않았다. 딸의 아이디로 네이트온에 몰래 들어가 친구들과 주고받은 내용을 읽었다. 대학병원 휴게실에 있다는 정보를 알고 찾아 나섰다. 범죄를 저지른 것처럼 심장이 두근거렸다. 병실 층마다 있는 휴게실을 정신없이 헤매며 찾아다녔다. 몇 번을 뒤졌지만 찾을 수 없었다. 병원 휴게실은 따뜻하고 안전하다는 생각에 한편으로는 다행이라 생각하며 힘없이 돌아왔다.

한참 후 딸에게 들었는데 엄마가 엘리베이터에서 내린 후 자기를 눈앞에 두고도 두리번거리기만 할 뿐 몰라봤다고 했다. 에스컬레이터에서는 건너편에서 서로 마주 지나쳤음에도 불구하고 알아채지 못했다고 말했다.

불안한 마음에 수시로 놀이터나 공원, 노래방, 피시방마다 딸을 찾아다녔다. '딸이 나쁜 아이들과 어울리면 어쩌지? 나쁜 사람들에게 잡혀가지는 않았을까?' 온갖 상상을 다 했다. 불안한 마음을 주체하지 못해 경찰서에 신고한 적도 여러 번 있었다.

공부를 잘해서 성공한다면 사람들의 인정을 받고 행복한 삶이 보장된다는 가치관이 밑바탕에 깔렸다. 전문적인 일을 하고 안정된 직장을 가진다면 나처럼 고생하지 않을 거라 믿었다. 딸이 하고 싶은 것을 마음껏 펼칠 수 있는 안정적인 직장을 갖도록 돕는 것이 내 역할이라고 믿었다. 딸의 방황은 내 삶의 가치관을 송두리째 흔들었다. 철석같이 믿고 살아온 인생 목적이 안갯속으로 사라져 버렸다. 내가 딸보다 더 방황했다.

딸이 내 기대에 부응하면 더없이 흐뭇하고 보람을 느꼈다. 내 만족 여부에 따라 무심결에 보였던 행동이나 말, 실망하고 실의에 빠질 때마다 알게 모르게 드러났던 표정은 헤아릴 수 없었다. 나는 딸들을 잘 키우고 있다고 철석같이 믿었다. 내가 잘못하고 있다고, 아이들이 문제를 일으킬 거라는 생각은 꿈에도 못 했다. 무엇이든 아이들에게 필요하다면 해주기 위해 최선을 다했기 때문에 혼자서도 두 딸을 잘 키우는 엄마로서 자부심이 컸다. 둘째의 방황이 겉으로 드러나기 전까지 나는 당당한 엄마였다. 「소와 사자의 슬픈 사랑」이란 우화가 의미심장하게 와닿았다.

사자와 소가 살았습니다.

둘은 서로 죽도록 사랑했습니다.

서로에게 최선을 다하기로 약속했습니다.

사자는 소를 위해서 열심히 사냥해서

가장 부드럽고 맛있는 고기를 소에게 주었습니다.

소는 사자를 위해서 가장 맛있는 풀을 뜯어 주었답니다.

소는 사자를 사랑했기 때문에

못 먹는 고기를 고통을 참고 먹었고

사자는 소를 사랑했기 때문에

못 먹는 풀을 고통을 참고 먹었습니다.

잘 참아왔지만, 세월이 흐를수록 둘은 점점 야위어갔습니다.

결국 참을 수 없는 지경에 이르렀고

둘은 헤어졌습니다.

헤어지면서 서로에게 말했습니다.

소가 말했습니다.

"난 최선을 다했어."

사자가 말했습니다.

"나도 최선을 다했어."

보험영업을 하면서 만난 고객이 무엇을 원하는지 늘 고민하며 고객의 소리에 귀 기울였다. 고객 집을 방문하면 예사로이 보지 않고 무엇이 필요한지 집안을 살폈다. 행주는 낡았는지 욕실화는 깨끗한지, 무엇을 좋아하는지 꼼꼼히 챙겼다. 사은품 하나를 선물해도 고객에게 감동을 주기 위해 신경 썼다. 소와 사자의 슬픈 사랑의 교훈은 고객과의 관계에서만 적용했다. 가족 관계에서는 늘 내 마음대로 내 방식 대로였다. 소와 사자의 사랑 이야기는 딱 내 이야기였다. 나의 최선, 이것이 내 사랑이었다.

회오리바람

얼마 전 책장 정리를 하던 딸이 사진을 찍어 보내왔다. 휘갈겨 쓴 노트 서너 장이었다. 내 글씨였다. 첫째를 임신하고 입덧과 졸음을 참으며 직장을 다니던 스물여섯 때였다. 퇴근길에 체육관 담벼락 옆에서 쑥을 뜯어왔다. 된장을 푼 쑥국과 쑥 부침개를 해 먹을 생각에 허기를 참고 집에 들어섰다. 그는 TV에 빠져 있었다. 실업 상태로 놀면서도 집안일은 손 하나 까딱하지 않았다. 설거지거리가 잔뜩 쌓여있었다. 서운함이 몰려와 화를 냈다. 그렇게 다툰 후 반찬거리를 살 돈도 없는 처지가 처량해 속상한 마음을 그대로 쏟아낸 글이었다. 부끄러웠다.

이혼 전까지 많이 다투었다. 그는 퇴근하고 집에 오면 소파에서 꼼짝하기 싫어했다. 유치원생인 두 딸을 챙기며 직장 생활을 하려면 할 일이 태산이었다. 처음에는 조금씩 도와주더니 점점 귀가 시간이 늦어졌었다. 내가 최선을 다해 희생하면 스스로 알아서 도와줄 날이 오리라 믿었다.

"회사 일과 집안일에 바빠서 동동거리는 걸 보고도 도와주지 않는 건 분명히 사랑하지 않기 때문이야. 나를 사랑한다면 어떻게 그래!" 시간이 갈수록 갈등은 서운한 마음과 더불어 커갔다. 불만도 눈덩이처럼 불어났다.

그와 나는 서로 무척 달랐다. 성격이 반대인 사람이 부부로 만난다고들 하지만 모든 면을 이해할 수 없어 속을 끓였다. 그는 홀어머니 아래서 막내로 자라 원하는 것, 하고 싶은 것은 어떻게든 하고야 마는 편이었다. 나는 장녀 역할을 하며 자랐고, 자신의 욕구를 억누르고 참는 데 익숙해져 가족을 위해서라면 무엇이든 하려고 애썼다. 그는 착하고 여린 사람이었지만 지극히 자기감정에 충실하다 보니 하고 싶은 대로 했다. 인내의 한계를 벗어나면 나는 폭발했다. 그를 다그치고 몰아세울 때가 많았다.

서로 노력해 보자며 애써 만든 대화의 자리는 몇 마디만 주고받아도 서운한 마음에 상처만 늘어났다. 가슴이 턱턱 막히고 말싸움으로 번지기 일쑤였다. 감정만 앞세우다 보니 대화는 이뤄질 수 없었다.

내가 원하는 틀에 그를 무조건 맞추려고 했다. 내가 책임지고 보호해야 할 대상이라는 생각에 아이들에게는 너그러운 편이었지만 그에게는 달랐다. 내 기준에 따라 평가받는 그는 비판과 질책, 비난과 불만의 대상이었다.

'왜 나를 이렇게 힘들게 할까?'

가장이 책임감은커녕 사고만 친다고 매번 몰아세웠다. 그는 술을 좋아했다. 매일 동료들과 어울리면서 술은 돈 문제로 불거졌고 갈등은 더 깊어갔다. 나도 힘들었지만, 그 사람도 나 때문에 숨이 막혔을 것이다. 당위와 책임감으로만 똘똘 뭉친 나를 보면 큰 돌덩어리와 마주한 느낌이었을지도 모르겠다.

결혼 후 크고 작은 어려움이 닥쳤지만 꿋꿋하게 해결하며 잘 참아냈다. 갈수록 실망과 원망이 점점 불어났다. 딸들을 위해 가정을 끝까지 지키려고 했던 노력도 허사였다. 감당하기 힘든 문제가 닥치자 내가 먼저 흔들렸다. 더는 버틸 힘이 없었다. 도마뱀이 꼬리를 잘라버리듯 도망쳤다. 어느 순간 내 마음속에 그는 더는 존재하지 않았다. 별거 후 결혼 생활은 막을 내렸다.

가족이 진심으로 원하는 것에 관심이 없었다. 나도 내가 무엇을 원하는지조차 몰랐기 때문이다. 오로지 내가 해야 할 일에만 관심을 쏟았다. 요리, 빨래, 청소, 아이들 챙기기 등 집안일을 열심히 하는 행동으로 사랑을 표현했다. 직장에서 각자 맡은 업무를 하듯 가족도 각자 역할을 완수하면 그만이라고 믿었다. 가장이 가정경제를 책임지는 것은 당연하고, 아내가 아이를 키우고 집안 살림을 하며 돈을 버는 것은 특별한 희생이라고 생각했다. 공부에 필요한 것을 잘 지원하는 부모와 학업에 충실한 자녀만 있으면 만사형통하리라 믿었다. 내가 최선을 다하면 가족도 각자 자기 역할에 최선을 다할 거라고 믿었다. 시간이 흐를수록 대화는 잔소리로 바뀌고 감정의 벽은 높아져 친밀감이란 찾아보기 힘들었다.

나에게는 유연한 사고가 부족했다. '옳다, 그르다, 필요하다, 필요 없다, 도움이 된다, 안 된다, 좋다, 싫다' 중 하나를 선택하는 것이 모든 기준이었다. 삶이 주관식 답안이나 사지선다형도 아닌 OX 문제 같았다. 합리적인 사고가 아니라 고집스러운 어린아이의 사고 자체였다. 내가 정한 기준과 결과에 따라 고마움과 서운함, 행복과 불행을 시소 타기처럼 되풀이하며 오갔다.

타인과 관계에서는 상처받을까 봐 두려워 마음을 닫고 업무적인 관계만 유지했다. 고객들은 최선을 다하는 내 정성을 알아주고 보험을 믿고 맡겼지만 20년 가까이 영업을 하면서도 개인적으로 친밀한 관계는 드물었다. 마음이 가까우면 현실에서 거리 두고 현실에서 가까우면 마음의 거리를 넓혔다.

아버지와 관계의 어려움은 결혼 후 고스란히 내 삶에 영향을 끼쳤다. 아버지를 대하던 마음이 그대로 부부관계에서 나타났다. 가장으로서 무책임했던 아버지 모습이 겹쳐지면 두세 배 더 강하게 비난했다. 서로 의견이 조금만 달라도 적대적 관계로 돌변했고 주고받는 말에는 가시가 박혀있었다.

아들로 태어나지 못해 겪었던 서러움, 차별받았다고 생각한 상처는 언제 폭발할지 모를 이글거리는 용암 덩어리였다. 그가 문제를 일으킬 때마다 기회를 놓치지 않고 폭발했다. 조금이라도 잘못하면 그냥 넘어가지 못했다. 가장의 책임을 소홀히 했다는 이유로 그는 더 이상 존중의 대상이 아니었다.

가족과 함께 있을 때나 혼자 있을 때 어김없이 나를 사로잡는 불안감, 원인을 알 수 없는 이 공허함은 무엇일까? 나에게 쉼은 없는 걸까? 회오리바람 같은 내 마음의 무늬는 어떻게 만들어진 것일까?

제발 멈춰 주세요

새벽 3시에 눈을 떴다. 몇 시간을 시체처럼 꼼짝없이 침대에 엎혀 있었다. 눈을 뜨자마자 전날 오후의 일이 떠올랐다. 고객 집에서 열심히 보험 상품을 설명하고 있는데 전화가 왔다. 큰딸이었다.

"엄마, 내 옷이 없어졌어."

잔뜩 흥분한 목소리로 울었다. 순간 가슴이 덜컥 내려앉았다.

"무슨 소리야?"

"동생이 가지고 갔어. 엄마, 내 옷 어떡해? 흑흑."

1부 멈춤, 여기서 나는

"옷이 중요하니? 동생이 집을 나갔는데."

"몰라. 어떡해. 내 옷. 입을 게 하나도 없어. 흑흑."

"네가 잘 챙겨야지. 빨리 동생 찾아봐라."

"학교에 갔다가 왔는데 어쩌라고? 흑흑."

하늘이 무너지는 것 같았다. 아이는 이틀째 집에 들어오지 않았다. 고객을 만나고 있어도 머릿속에는 딸 생각뿐이었다. '얼마나 오래, 어디로 가려고 두 가방이나 들고 갔단 말인가?' 걱정이 태산이었다. 동생 걱정은 않고 자기 옷만 챙기는 큰딸이 얄미웠다. 불똥이 큰딸한테 튀었다.

집에 웃음이 사라진 지 오래다. 그 무렵 조금 잠잠해서 마음을 조금 놓고 있었지만 늘 불안 불안했다. 이제 '공부 잘해라, 학원을 빼먹지 마라'하는 잔소리는 먼 나라 이야기였다. '학교는 꼭 갔으면 좋겠다. 중학교 졸업은 해야지 않니?'에서 더 바닥으로 내려가 '제발 가출은 하지 마라.'로 바뀐 지 꽤 오래였다. 공부가 문제가 아니라 학교에 잘 다니는 것, 아니 한 지붕 아래 잠을 자는 것만으로 감사했다. 결혼 후 집, 직장, 딸밖에 모르고 고지식하게 살아온 나에게 지옥 같은 나날이었다. 삶을 포기하기 직전에 하나님을 만났다. 나는 그분이 내민 손을 붙잡았다.

"하나님, 도와주세요. 언제까지, 얼마나 더 이런 날을 보내야 합니까? 제발 멈춰주세요. 숨을 못 쉬겠어요. 딸이 빨리 돌아오게 해주세요." 운전할 때마다 울기만 하던 나는 이제 기도를 시작했다. 이제 감당하기 힘들던 때처럼 극단적인 생각은 하지 않았다.

저녁 내내 여기저기 딸이 갈 만한 곳을 찾아다녔다. 멍한 상태에서 집에 들어와 나도 모르게 잠시 눈을 감았는데 잠깐 잠들었던 모양이다. 깜짝 놀라 눈을 떴다. 어제 일이 그냥 꿈이었으면 했다. 눈물이 흘렀다. 하나님을 한 줄기 빛처럼 믿고 의지하지만, 가슴은 여전히 아팠다. 다음 날은 열다섯 번째 생일인데 생일 밥도 못 먹일 것을 생각하니 가슴이 미어졌다. 생일날 집에 오면 얼마나 좋을까? 새벽에 아이가 좋아하는 잡채를 만들었다.

"딸아, 잡채 해 놓았다. 꼭 와서 생일 밥이라도 먹고 가거라." 출근하면서 냉장고에 쪽지를 붙여놓았다. 낮에 들어와 먹고 가길 바랐었다.

딸은 겨우 수업일수를 맞춰 중학교를 졸업했다. 고등학교 입학을 앞두고 교복을 맞추던 날 감격했다. '이렇게 예쁜 딸이 어디에 또 있을까?' 유치원 원복을 처음 입었던 36개월짜리 딸을 볼 때처럼 사랑스러웠다. 하지만 교복 입은 딸 모습이 기억나지 않았다. 딱 삼 일 다니고 다시 고등학교를 찾은 것은 자퇴서를 쓰던 날이었다. 나는 미련을 버리지 못해 한동안 학비를 계속

냈다.

 큰딸이 6학년 소풍 가는 날이었다. 김밥 쌀 준비를 하고 딸을 깨우러 갔는데 만화책에 빠져 내가 들어가는 줄도 모르고 있었다. 갑자기 화가 치밀어 빌려온 만화책을 찢고 야단을 쳤다. 만화책에 빠져 공부에 흥미를 잃어버리면 큰일이라는 염려 때문이었다. 그날 찾아왔던 친정엄마가 나를 말렸는데도 아랑곳하지 않았다. 어릴 때 아버지가 나를 혼내고 엄마가 말리던 장면 같았다. 결국, 아이는 분식점 김밥을 사서 소풍을 갔다.

 첫째가 갓 중학교 입학한 후였다. 가방에서 화장품이 나왔다. 호되게 야단치고 화장품을 꺼낼 수 없는 담벼락으로 모두 던져버렸다. 불량학생이나 하는 짓이라고 믿었기 때문에 용납할 수 없었다. 딸이 용돈을 아껴서 어렵게 장만했을 거라는 생각은 안중에도 없었다.

 한 번은 방학 때 낮에 갑자기 집에 일이 있어 들어와 보니 친구들을 잔뜩 불러 놀고 있었다. 딸에게 화를 내며 신발도 신지 않은 채 집 밖으로 쫓아냈다. 감정을 가라앉히고 현관문을 열었다. 딸은 계단에도, 옥상에도 없었다. 신발을 벗은 채 보내면 어디에든 가지 못하고 문 앞에서 반성하고 있을 거라 믿었다.

어린 시절 아버지는 나를 혼내고 옷을 벗겨 집 밖으로 쫓아낼 때가 있었다. 수치감을 느꼈다. "깝데기 벗겨 쫓아낸다!" 아버지의 이 협박이 제일 무서웠다. 초등학교 입학 전에는 홀랑 벗겨 쫓겨나 떨고 있었던 적도 있었다. 아이는 맨발로 한참을 걸어 마트에 가서 차비를 빌려 친구 집에 가 있었다. 마트 아주머니가 슬리퍼까지 빌려줬다고 했다.

처음에 딸이 문제를 일으켰을 때, 철석같이 믿었던 배우자가 바람을 피우는 것보다 훨씬 더 큰 충격이었다. 나는 의처증 환자처럼 바뀌었다. 네이트온에서 어떤 친구와 무슨 대화를 주고받는지 수시로 감시하고, 자녀안심 프로그램으로 위치를 수없이 확인했다. 학교로 뜨면 안심하고, 학교를 벗어나면 안절부절못했다. 하루는 위치가 산으로 나와 깜짝 놀랐다. 학교에서 등산 간 날이었다. 얼마나 가슴이 두근거렸는지 몰랐다.

당시 유행하던 싸이월드에 접속해 어떤 내용을 올렸는지, 누가 어떤 댓글을 남겼는지 뒤져보기를 반복했다. 심지어 운전 중에도 수차례 확인했다. 휴대전화를 뒤지고 저장된 친구들 전화번호를 모두 옮겨 놓고 딸과 연락이 닿지 않으면 차례로 전화를 돌렸다. 딸이 잘못하는 일만 있으면 며칠씩 전화기 압수하기를 반복했다.

둘째가 밤늦게까지 연락도 없이 집에 들어오지 않았다. 딸 물건들을 모두 베란다에 던져놓았다. 속상한 마음을 주체할 수 없었다. 내가 받은 충격만큼 딸에게도 충격을 주며 응징하고 싶었다.

"네가 이렇게 방황하는 것은 엄마가 너를 제대로 키우지 못한 탓이다. 엄마는 네가 바뀌지 않는다면 더는 키우지 못하겠다. 아빠와 같이 살아라!"

"다 커서 성인이 될 때까지는 엄마를 보러 올 생각은 아예 하지 마!"

나는 엄마 말을 잘 따르든지 아니면 엄마와 헤어져 살든지 둘 중 하나를 선택하라고 협박했다. 둘째가 중학교 1학년 여름방학 때였다. 딸은 고집을 부렸다. 짐을 챙기라 하고 바로 아빠에게 보냈다. 사흘 만에 딸을 다시 데려오기까지 가슴을 쥐어뜯으며 통곡했다.

"엄마, 이제 엄마 말 잘 들을게요." 딸에게 이 말 한마디를 듣고 싶었다. 딸도 나도 굽히지 않았다. 나는 속마음과 반대로 얼마나 모질게 했는지 모른다.

내가 시키는 대로 따라오지 않으면 미래가 잘못될 것 같은 불안이 나를 가만두지 않았다. 내가 안내하는 길만이 성공과 행복을 보장하는 유일한 길이라고 믿었다. 그 길을 벗어나면 불행이 딸의 인생을 삼켜 버릴 것 같았다. 세상은 저만치 하루하루 다르게 변화하는데 엄마는 30, 40년 전의 경험으로 굳어진 사고와 신념으로 아이들에게 강요하고 있었다. 실망과 원망만 늘어갔다.

내가 원하는 대로 만들기 위해 당근과 채찍으로 아이를 조종하다 뜻대로 안 되거나 욱하고 화가 치솟으면 감정 조절이 불가능했다. 평상시에는 조용하고 자상한 편이지만 갑자기 화가 끓어오르면 감당이 안 되었다. 불같이 화를 내던 아버지 모습과 똑 닮아 있었다. 화를 내는 내 모습에서 야단을 치고 매를 들던 아버지 모습을 발견했다. 순간 머리가 마비되는 느낌이었다.

재혼 후 다시는 결혼에 실패하고 싶지 않았다. 나는 남편과 무슨 행동이든 공유하는 것을 사랑이라고 믿었다. 아마 가능하다면 머릿속에 떠다니는 생각조차도 공유하고 싶어 했을 것이다.

남편과 나는 여행을 좋아했다. 시간만 나면 무작정 여행을 떠났다. 세밀하게 계획을 짜고 예약을 해서 준비를 한 다음 출발하는 게 아니라 목적지 한 군데나 대략의 방향만 정하고 나서는 편이었다. 뚜렷한 계획이 없어도 여행 중 예상하지 않았던 곳에 감탄할 만한 곳이 많았다. 함께 보고 느끼며 공유할 수 있는 시간이 행복했다. 자연이 주는 위로와 편안함도 있지만 여행하는 내내 차 안에서 서로에게 집중하며 이야기를 나눌 수 있어 좋았다. 차 안에 흐르는 침묵조차 좋았다. 차창 밖으로 보이는 자연 풍경에 마음을 두고 이야기를 나누면 시간 가는 줄 몰랐다. 먼 거리도 서로 번갈아 운전하며 얘기를 나누다 보면 금세 도착했다.

매번 순조롭고 행복한 건 아니었다. 직장 이외의 시간에 개인적인 약속을 잡거나 각자 시간을 가지면 눈치가 보이고 불편했다. 서로 감정에 민감해져 조금만 서운한 마음이 들어도 바로 표시가 났다. 상대의 감정에 따라 기분이 바뀌었다. 나는 마치 남편의 그림자처럼 굴었다. 휴대전화기를 공유하는 것은 기본이고 매일의 일정, 만나는 사람 등 대부분을 공유했다. 먹는 음식이나 잠자고 깨는 시간까지도 함께하길 요구했다. 자다가 깼는데 남편이 거실에 나가 TV를 보고 있으면 기분이 좋지 않았다. 퇴근 후나 쉬는 날은 무조건 함께 움직였다. 사랑이란 이름으로 만든 탑에 서로를 가두려고 했다. 참다못한 남편이 항의했다. "왜 모든 것을 당신 뜻대로 하려고 해? 날 꼭두각시로 만들고 싶어?" 죽을 때도 오른쪽으로 눕지 왜 왼쪽으로 눕냐고 할 거냐고 소리쳤다.

나는 사랑하니까 당연하다고 믿었다. 이해할 수 없었다. 나도 남편과 모든 것을 공유하고 맞추려고 노력했기 때문이다. 보험영업을 하면서도 저녁 일정은 아예 잡지 않았다. 나는 이렇게 애쓰는데 남편은 다른 생각을 하고, 배려하지 않는 모습에 실망했다. 서운한 마음이 슬슬 자리 잡기 시작하면 표정이 굳어지고 입이 다물어졌다. 몇 마디 말다툼 끝에 냉랭한 분위기가 싸움으로 번지는 것은 순식간이었다. 서늘한 바람이 마음 한쪽을 지나가며 기분이 틀어지면 서로 생각을 나누고 합의점을 찾으려고 하지 않았다. 곧장 결별을 선언할 태세로 부부 싸움을 시작했다. "도저히 못 참겠다. 사랑한다면 어떻게 그래. 더는 사랑하지 않는다면 헤어지는 게 맞아."

남편과 싸울 때마다 드는 내 생각의 흐름이고 단골로 등장하는 멘트는 '변함없는 사랑'이었다. 특히 시댁에 갔을 때 남편이 서운하게 대하면 말다툼을 하고 혼자 집으로 간다고 나올 때가 많았다. 갑작스러운 공격이 반복될 때마다 남편은 곤욕스러워했다. 남편은 처음에 화를 내다가도 끝까지 고집부리는 나를 달래기 위해 사과를 반복했다. 나는 혼자 알아서 잘해주고 혼자 실망하고 혼자 서운해했다. 잘 참다가 종종 폭발했다.

남편은 자기 일을 도와주려는 마음이 얼마나 있는지에 따라 관계의 중요도를 결정했다. 부부도 서로에게 필요한 사람일 때 함께할 가치를 두었다. 서로 관심분야가 달라 함께 할 시간이 줄어들면 좋은 상대를 찾아 각자 갈 길로 가자고 말했다. 내가 남편 일을 돕지 않으면 사랑하지 않는다고 믿었다. 결혼을 결심할 때 첫 번째 기준이 자기 일을 잘 도울 것 같은 여자였다고 했다. 남편은 내가 직장을 그만두고 자신의 사업을 도와서 같이 일할 것을 요구했다. 남편 일을 도우러 갔다가 일을 제대로 하지 못한다고 핀잔만 잔뜩 듣고 마음만 상했다. 다시는 일하는 데 따라가지 않겠다고 선언했다. 남편은 TV에서 부부가 함께 일하는 장면을 보면 넋을 잃고 빠져들었다. 사랑하면 무엇이든 함께하고 모든 걸 공유해야 하는 걸까?

빈 들판을 지키고 있는
허수아비 같은 내 모습이 보였다

딸의 방황은 내 삶의 가치관을
송두리째 흔들었다
철석같이 믿고 살아온 인생 목적이
안갯속으로 사라져 버렸다

2장

당신은 누구입니까?

동경을 멈추고 기억하기 시작한 순간

나를 위한 삶이 시작됐다

윌라 캐더

∴ 난 잘못 태어난 걸까?

얼마 전 고향에서 친구가 꽃갈비점을 오픈해 먼 거리를 다녀왔다. 내가 힘들 때 도움을 주었던 친구였다. 남편을 갑자기 잃고 가게를 시작한 친구에게 무엇이든 도움이 되고 싶었다. 가게 홍보를 위해 사진과 함께 진심을 담은 글을 SNS에 작성했다. 블로그에 올린 후 공유하니 친구는 감동하며 눈물 흘리는 이모티콘을 보내왔다. 흐뭇했다. 게시물을 한번 훑어보니 만족스러웠다. '역시 난 잘해.' 입가에 웃음이 맴돌았다.

인스타그램에도 시도했지만, 업로드가 되지 않았다. 딸에게 도움을 청하고 노력해 봐도 시스템에 문제가 생겼는지 헛수고였다. 끈질기게 매달린 끝에 영상으로 만들어 올렸더니 성공이었다. 대신 하루가 고스란히 지나갔다. 수시로 반응을 확인했지만, 하트가 몇 개밖에 없어 기분이 가라앉았다. 다른 사람 게시물은 하트가 수십 개가 넘고, 댓글이 줄줄 달리는데 나는 왜 인기가 없을까? 울적했다. 한없이 무능해 보이는 내가 초라했다.

무슨 문제가 생기면 저절로 튀어나오는 말이 있다. "아, 또 뭘 잘못했지? 내가 그렇지 뭐." 한숨을 일삼았다. "아니야, 노력이 부족해서야. 최선을 다하면 잘될 거야."

좀 더 열심히 해야 한다는 결론을 내리고 박차를 가했다. 내가 성공할 수 있는 유일한 길은 노력이라고 믿었다. 몸이 부서지라 일에 매달리고 늦은 밤 잠자리에 들기 전까지 무슨 일이든지 찾았다. 끊임없이 노력만 외쳤다.

새벽에 일어나 3년째 글을 쓰고 있다. 블로그와 페이스북, 인스타그램, 유튜브 등 SNS 활동을 한 지도 2년이 흘렀다. 글을 올릴 때마다 반응을 확인하기 위해 휴대전화를 뒤졌다. 운전 중에도 확인했다. 조회 수와 댓글, 좋아요, 구독자 수 등을 틈만 나면 확인했다. 반응이 좋으면 우쭐하다가도 반응이 시원찮으면 금세 기가 죽었다. 다른 사람들과 비교하며 결과에 따라 일희일비하는 내 모습에 괴로웠다.

초등학교 5학년 일기장을 읽던 중에 내가 작가가 되길 바란다는 아버지의 말을 발견했다. 가슴속에 횃불이 활활 타오르는 것 같았다. 새벽마다 일어나 글을 쓰고 출근했고 저녁 늦게까지 노트북 앞에 앉아있는 시간이 즐거웠다.

'SNS에 사람들이 보이는 반응은 내 존재에 대한 인정이다. 유명한 작가가 된다면 아버지는 나를 흐뭇하게 바라보실 거야.' 아버지에게 인정을 받고 세상에 내 가치를 증명하는 길은 작가가 되는 것이라는 생각이 나를 재촉했다. 세상의 인정이 아버지의 인정이고, 세상의 사랑이 아버지의 사랑이라는 생각에 가슴이 두근거렸다.

누구의 칭찬 여부로 내 존재 가치를 저울질했다. 옳고 그름도 타인의 반응에 따라 결정했다. 내가 움직이는 목적은 오로지 타인의 인정과 칭찬이었다. '이제 돌아가신 아버지의 인정과 칭찬까지 갈구하고 있다니!'

자신의 가치를 입증하기 위해 발버둥 치는 삶은 팽팽한 줄다리기처럼 긴장의 연속이었다. 노력한 만큼 성과는 나타났다. 회사 일이든 집안일이든 잘하는 커리어 우먼으로 통했다. 성실과 노력이 나를 대표하는 말이 되었고 철의 여인이라는 말도 들었다. 칭찬에 힘입어 어떤 상황에도 포기하지 않는 오뚝이처럼 살았다. 자신을 향한 끝없는 채찍질이 성공과 행복을 가져온다는 신념이 굳어졌다. 세상에서 살아남기 위한 치열한 생존 방식이 나를 지탱하는 철학이자, 나를 움직이는 힘이었다.

이따금 가슴에 휑한 찬바람이 일었다. 알 수 없는 공허감과 외로움이 몰려오면 또 다른 일을 찾았다. 나를 돌아볼 시간을 주지 않았다. 누구든 다 이렇게 사는 줄 알았고 당연하게 여겼다. 불안한 마음이 그냥 내 모습인 줄 알았다. 바람에 날아가는 풍선을 이리저리 쫓아가면 풍선은 닿을 듯 말 듯 더 높이 올라간다. 손을 뻗을수록 꿈은 희미하게 멀어져 가는 것만 같았다.

아무리 노력해도 끝이 보이지 않는 삶. 나를 향한 채찍질의 끝은 어디일까? 따뜻하고 안전한 곳, 내가 쉴만한 곳은 어디에 있을까?

∵

꿈 책방이란 유튜브를 하고 있다. 「산골 소녀 일기장」이란 제목으로 초등학교 때 썼던 일기를 읽어주는 채널이다. 시작한 지 제법 지났는데도 남편은 아직 구독자가 아니다. 내가 유튜브 하는 것을 못마땅하게 생각했다. 한 번씩 서운하다는 뜻을 전하면 구독자 99명이 되면 100번째 구독자가 되겠다며 슬그머니 넘어갔다. 구독자 99명을 채운 날 들뜬 목소리로 보란 듯이 말했다. 또 투덜대며 발뺌했다. 그동안 참아온 서운함이 몰려왔다.

"그래, 다시는 구독하라고 하나 봐라! 쯧!" 화가 부글부글 끓어올랐다. 속으로 실컷 비난을 퍼부어도 마음이 풀리지 않았다. '남편마저 무관심한데 누가 관심을 가질까?'

얼마나 큰 용기를 내어 유튜브를 시작했던가? 내게는 엄청난 도전이었다. 책장에 묵혀두었던 빛바랜 일기장을 쉰 살이 되어 읽었다. 힘들고 슬픈 현실에서 꿋꿋하게 이겨내는 어린 나를, 순수한 마음을 간직한 산골 소녀를 세상에 소개하고 싶었다. 마음이 힘든 누구에게든 조금이라도 위로가 되었으면 하는 바람으로 시작했다. 영상을 배워가며 만드는 일은 쉽지 않았다. 누가 시킨 것은 아니지만 많은 시간을 투자해 최선을 다하는데 사람들은 별 관심이 없는 듯했다. 인기는 없어도 초심을 잃지 않으려고 애쓰며 지금까지 잘 버텨왔었다. 하지만 불안했다. '사람들 관심을 끌 유튜브가 얼마나 많은데. 계속 이어갈 가치가 있을까?' 마음은 표류하는 종이배 같았다. 사람들 반응에 휘둘려 실의에 빠진 자신에게 더 화가 났다. 마음을 가라앉히려 조용히 눈을 감았다.

˙˙

눈물을 뚝뚝 흘리며 울고 있는 꼬마가 보였다. 초등 1학년 입학을 앞두고 아버지에게 한글을 배웠다. 이웃집에서 1학년 국

어책을 얻어 왔다. 아버지가 한 줄씩 읽으면 나는 큰소리로 따라 읽었다. 한참 따라 읽는데 아버지는 같은 곳을 몇 번이나 반복했다. 불안했다. 아무리 따라 해 봐도 아버지 마음에 들지 않았다. 아버지는 갑자기 화를 내며 책을 집어던졌다. 영문을 몰라 당황하다가 그만 울음이 터졌다. "뚝 안 그쳐!"

아마 발음이 정확하지 않아 아버지가 화를 냈던 것 같다. 아버지는 칭찬에 인색했다. 어릴 적에 칭찬 들은 기억이 별로 없다. 그저 아무 말이 없으면 긍정의 의미로 받아들였다. 말보다는 아버지의 표정이 중요했다.

초등학교 2학년 때 할머니와 큰아버지에게 편지를 쓰라고 아버지가 말했다. 불러주는 대로 받아 적었다. "할머니 전 상서. 만물이 소생하는 봄입니다. 그간 옥체 만강하신지요?"

아버지가 내게 중요한 일을 맡긴 것 같아 행복했다. 명절에도 아버지가 고향 어른들 앞에서 육십 갑자를 외워 보라고 했을 때 칭찬을 많이 받았다. 다음 명절에 가 또 칭찬받을 생각에 우쭐했다. 나는 어떻게든 아버지 인정을 받고 싶었다. 아버지는 입버릇처럼 중얼거렸다. "쓰잘데기 없는 지지바_{계집아이} 한 버지기_{여럿} 있어봤자 다 소용없다!"

나는 쓸모 있는 존재가 되고 싶었다. 아버지의 칭찬과 인정에 늘 목말랐듯 타인의 칭찬과 인정을 갈구했다. 다른 사람 말 한

마디에 내 존재 가치가 달라졌다. 그들의 말과 시선에 전전긍긍하며, 감정은 파도가 일렁이듯 춤을 추었다.

딸로 태어난 것이 잘못이 아니라는 것을 증명하고 싶었다. 그러기 위해서는 무엇이든 잘한다는 소리를 들어야 했다. 잘한다는 평가를 받으려면 누구와 비교할 수밖에 없다. '그래. 나니까 이렇게 잘하지.' 스스로 한 행동에 대해 혼자 머릿속으로 되뇌었다. '역시 난 안 돼. 왜 이것밖에 안 될까?'

돌아서면 만족스럽지 못한 일 투성이였다. 사사건건 머릿속에서 스스로 중얼거렸다. 잠시 우월감을 느끼다가도 더 잘나 보이는 사람 앞에 서면 주눅이 들었다. 세상에 잘난 사람은 어찌 이리 많은지, 고개를 떨굴 때마다 우울했다. 일상에서 자화자찬과 죄인으로 몰아넣기를 되풀이했다.

∴

서랍 정리를 하다 검고 딱딱한 아버지의 유품인 가죽 지갑을 발견했다. 아버지 냄새가 흠뻑 밴 지갑이었다. 빛바랜 경로 우대증과 6.25 참전 유공자증이 비닐에 달라붙어 꺼내기 힘들었다. 깊은 칸 안에 얇은 종이를 발견했다. 습자지 같은 종이에 세필 붓으로 쓴 한자가 세로로 적혀 있었다. 남동생이 태어났을 때 작명했던 종이가 고이 접혀있었다. '보배 진珍, 홀 규圭' 임금이 허리에 차는 옥홀처럼 보배로운 존재가 되라는 뜻이었다. 40년 가까운 세월, 아버지가 늘 품에 지니며 간직해왔다고 생각하니 알 수 없는 감정이 일었다. 딸이 태어날 때마다 아들을 바라는 뜻의 한자를 대충 섞어 지은 딸들 이름이 떠올랐다. 자子, 남男, 숙叔 자가 돌림자로 들어있다.

"재남아!" 전화기를 타고 나를 부르는 이종사촌의 목소리를 들었다. 기억 속에서 사라진 또 다른 내 이름이다. 태어나서 아버지가 처음 지어준 이름이었다. 엄마의 반대로 아버지는 출생신고를 하면서 '성남'으로 바꾸었다. 어릴 때 이모 집에 놀러 가면 모두 그렇게 불렀다. 재남은 한자로 있을 재在, 사내 남男이다. 모두 남동생이 태어나기를 바라는 마음이 담겨있다.

초등학교 4학년 겨울방학 때, 아버지가 한자를 가르쳐 주어 기뻤다. 한글을 처음 배울 때처럼 한자도 내 이름부터 배웠다. 아버지는 정성스럽게 한자를 쓴 후 크게 따라 읽으라고 했다.

"베풀 장張, 이룰 성成, 사내 남男"

"베풀 장張, 이룰 성成, 사내 남男"

벽걸이 달력 뒷장에 쓴 한자를 큰소리로 읽고 따라 썼다. 벼슬이라도 한 것처럼 뿌듯했다. 한문 선생님이 형제가 몇 명이냐고 묻기 전까지는 내 이름이 꽤 멋있어 보였다. 1남 8녀라는 말에 웃으면서 바로 밑에 남동생이 태어났냐고 물었다. "아니요. 여동생 다음에 남동생이에요." 얼떨결에 대답하면서 얼굴이 빨개졌다. 친구들의 웃음소리가 들렸다.

그럴듯한 한자 덕에 이름으로 놀림을 당한 적은 없었다. 아들이 귀한 집에서 딸이라는 이유로 차별받았거나, 아들을 낳지 못해 서러움을 당했던 경험이 없다면 이름에 새겨진 아픔을 눈치채기 어려울 것이다. "다섯째인 네가 딸로 태어나서 참 서운하다. 네가 터를 잘 팔아서 꼭 남동생이 태어나도록 해라." 아버지의 목소리가 나를 따라다녔다. 이름이 내 사명이 되었다. 하지만 4살 터울로 여동생이 태어났고, 아들 자子가 들어간 이름의 여동생은 터를 잘 팔아 소임을 다했다. 남동생이 태어난 것이다. 그때 아버지 나이 52세였다.

모든 게 달라졌다. 아버지는 아들만 애지중지했다. 남동생은 커갈수록 제멋대로였고 부딪히는 일이 많았다. 아버지는 무조건 남동생 편이었다. 아버지의 차별은 심했다. 나는 아들로 태어나지 못한 것이 원망스러웠다. 남동생에게 아버지 사랑을 다 빼앗겼다고 믿었다. 무엇이든 잘해서 아버지의 인정을 받는다면 아버지 사랑을 다시 얻을 수 있다고 믿었다. 현실에서는 칭찬 대신 야단맞을 일만 생겼다. 아버지의 사랑은 점점 멀어져 갔다. 최선을 다했지만, 딸과 아들은 존재 자체가 달랐다. 노력으로 넘을 수 있는 산이 아니라는 것을 알았다. 억울한 마음이 쌓일수록 반항심만 늘었다.

불만이 쌓이는 만큼 다른 사람에게 사랑과 인정을 받기 위해 더 노력했다. 선생님의 사랑을 받기 위해 공부를 열심히 했다. 열심히 공부하고 잘하는 만큼 선생님은 나를 예뻐하고 인정했다. 결혼 후에는 남편 사랑을 독차지하려고 애썼다. 딸이 태어나자 육아에 최선을 다했다. 직장 생활을 하면서부터 보험영업 실적에 목숨을 걸었다. 대상만 바뀔 뿐이지 언제나 내 존재 가치를 인정받기 위한 노력은 마찬가지였다. 밑 빠진 독에 물 붓기와 같았다. 만족은 없었다. 자신을 괴롭힐수록 공허함만 뼛속까지 파고들었다.

∵

1969년 겨울 새벽, 내가 태어났을 때 아버지는 딸이라는 말을 듣고 얼굴 한 번 쳐다보지 않고 밖으로 나가버렸다고 했다. 큰엄마가 들려준 이야기를 잊을 수 없다. 아버지에게는 세 명의 부인이 있었다. 큰엄마는 아버지의 두 번째 부인이다. 병으로 부인과 아들 둘, 딸 하나를 잃은 아버지는 남은 딸 하나를 데리고 큰엄마와 재혼했다. 큰엄마는 딸 셋을 낳고, 아이가 없었다. 잃어버린 두 아들에 대한 아버지의 마음을 이해했던 큰엄마의 생각이 보태져 큰 결정을 내렸다. 큰엄마는 딸 하나를 키우고 있던 젊은 여자를 소개받아 아들을 낳아 달라며 후처로 들인 것이다. 젊은 여자는 곧 임신했고 딸을 낳았다. 내가 다섯째 딸로 태어난 사연이다.

세상에 처음 얼굴을 내밀었을 때 아무도 나를 기쁘게 맞아주지 않았다. 갓난아이라고 분위기를 느끼지 못했을까? 뱃속에서 세상으로 나오기 미안해 나오고 싶지 않았을지도 모른다. '아, 나는 환영받지 못하는 존재구나. 어떻게 해야지?' 큰엄마의 이야기를 들을 때마다 생생하게 떠올랐다. 분위기 하나하나가 가슴에 새겨졌다. 내 존재에 대한 거절감은 반평생을 따라다녔다. '난 잘못 태어났어! 모두 내 탓이야. 아니, 반드시 내가 꼭 필요하다는 것을 증명해 보일 거야. 누구에게나 도움을 주는 사람이 된다면 모두 나를 좋아하지 않을까!' 이것이 내 정체성이었다.

누가 나를 거부하는 것 같은 눈치를 보이거나 배척하는 표정이나 말, 행동을 보이면 긴장했다. 무표정하거나 무덤덤하기만 해도 예민하게 눈치를 살폈다. 웃으며 반갑게 대하지 않으면 나를 싫어한다는 걱정이 올라왔다. 상처받지 않기 위해 내가 먼저 마음의 문을 반쯤 닫고 방어벽을 쌓기 시작했다. 사소한 갈등이라도 생기면 마음이 불편하여 견디기 힘들었다. 좋은 관계를 유지하기 위해 부단히 애썼다. '무엇에 관심이 많을까? 어떤 도움이 필요할까? 내가 어떻게 하면 기뻐할까?' 세심하게 주변을 살폈다.

누구를 만나든지 함께하는 시간과 공간 속에 푹 빠져 있지 못했다. 특별한 목적이 없는 만남은 더욱 그랬다. 즐겁고 편안한 만남이 어려웠다. '무슨 핑계를 대고 일어날까? 언제 마칠까?' 머릿속은 이미 다른 곳에 가 있었다. 모임에서 뭔가 중요한 내 역할을 맡거나 할 일이 있으면 괜찮았다. 수다를 떨고 나면 남들은 스트레스가 풀린다고 하는데 나는 친목 모임을 마치고 돌아오면 기진맥진했다. 무의미한 시간을 보냈다는 생각이 들면 힘이 빠졌다.

딸로 태어난 것이 나를 지배한 신념의 출발점이었다. 내 모든 가치관이 싹튼 근원이었다. 아무리 노력해도 변할 수 없는 현실을 두고 자신을 송두리째 바친 채 오랜 세월을 보냈다. 내가 아들이었으면 하는 간절한 희망 사항은 커서도 계속 이어졌다. 터무니없는 성 정체성은 나를 흙탕물에서 허우적거리게 만들었다. '난 잘못 태어난 걸까?'

짝퉁 가방

남편은 속초가 고향이다. 부산에서 400km 가량 올라가는 아름다운 동해안 바다 빛깔을 감상할 수 있는 해안가 드라이브는 늘 새롭다. 힘들만하면 서로 번갈아 운전대를 잡는다. 조금만 도로 밖으로 벗어나면 구경거리가 끊이질 않는다. 바쁘지 않으면 중간에 하루 정도는 자고 갈 때도 많았다.

남편이 직접 잡아서 까주는 노란 성게알은 일품이었다. 까만 가시가 총총한 성게 몇 마리를 잡아 뾰족하고 긴 가시를 가르면 주홍빛 성게알을 내장에서 분리한다. 입에 넣기 바쁘게 살살 녹는다. 차에는 낚싯대와 뜰채, 작은 숟가락이 항상 대기 중이다. 운이 좋으면 남편이 직접 잡은 고기를 회로 먹기도 하고 내가 잡은 고동을 한 냄비 삶아 까먹기도 했다. 단골 식당에 들러 좋아하는 가자미 찌개까지 먹고 나면 시댁 가는 길도 즐거운 여행이다.

남편은 이따금 출발이 늦어지거나 못마땅한 일로 마음이 틀어지면 꼭 내 마음을 끓이는 말을 던진다. 매번 꺼내는 단골 메뉴가 있다. 딸이 한자 능력 검증 시험을 보러 갈 때, 늦어서 입실하지 못하고 돌아온 15년 전 이야기다. "시험 보러 가면서 지각하는 사람은 처음 봤어. 그때 알아봤어야 했는데 기대한 내가 잘못이지!" 운전 중에 말다툼이 일어나면 좁은 차 안에 전달되는 냉랭한 분위기는 더 차갑다.

단골 메뉴는 하나 더 있다. 운전할 때 신호 대기를 하면서 변속기어를 중립에 놓지 않거나 헤드라이트를 끄지 않으면 옆에서 중얼거렸다. "학교 때 친구 장두열이 왕고집이라 장 씨 고집이 세다는 것은 알고 있었지만, 당신 고집은 비교가 안 되네."

안전은 아무리 강조해도 지나치지 않다는 이유로 잔소리가 심했다. 이런 염려는 내게 모두 비난으로 들렸다. 그 순간 어김없이 마음이 상하고 가슴이 아려오기 시작했다. 식사한 지 한참 지났는데도 체기가 바로 나타났다. 함께 해온 시간이 한꺼번에 무너져도 괜찮은 듯 당장이라도 부부관계를 끝낼 마음으로 돌변했다. 강원도 경계선을 넘어갔다가 부산으로 차를 돌렸다가 다시 올라간 적도 몇 번 있었다.

말 한마디에 부부관계가 뿌리째 흔들렸다. 다툼이 있을 때마다 결별을 수없이 생각하고 결론을 내려놓았다. 상처받기 전에 미리 마음의 준비를 서둘렀다. '나는 남편에게 필요 없는 사람이다. 더 이상 나를 사랑하지 않는구나!' 이런 결론으로 이어졌다. 신경전 끝에 화해하지만 반복되는 다툼에 지쳐갔다.

남편도 자존감이 건강한 편이 아니라 별일 아닌데 심하게 화를 낼 때가 많았다. 시간 약속을 제대로 지키지 못할 때나 비즈니스에 대해 내 생각을 얼떨결에 말할 때였다. 자기 일에 대해 모르면서 아는 척한다고 버럭 화를 내면 평상시와는 사뭇 다른 모습으로 돌변했다. 자신의 말에 긍정적으로 반응하지 않고 반대 의견을 말하면 심기가 불편해졌다. 호의를 베풀었는데 무관심하거나 좋게 표현하지 않아도 그랬다. 그가 중요한 말을 하고 있는데 잠시 다른 생각이 떠올라 얘기했다가 심상치 않은 분위기에 바로 사과하기도 했다. 남편은 자신을 존중하지 않는다고 느낄 때 민감했다.

외식할 때도 스트레스를 많이 받았다. 남편 의견을 주로 따르는 편이지만 내심 좋아하는 메뉴를 알아서 잘 골라주기를 기대했다. 고른 메뉴가 마음에 들지 않으면 기분이 좋지 않았다. 음식 맛에 대한 내 평가가 좋지 않으면 자신이 가자고 한 음식점이나 자신이 사준 음식에 대한 평가를 마치 자기 자신에 대한 평가처럼 받아들였다. 식당을 선택하고 메뉴를 고르는 일로 좋은 분위기를 망칠 때가 많았다. 무심코 던지는 말 한마디가 가시 박힌 말로 바뀌는 순간 힘들게 쌓아 올린 사랑탑은 한순간 무너지며 서로 상처를 남겼다.

∵

남편과 정말 헤어져 끝날 뻔한 적이 있었다. 딸 문제로 힘들던 중 신앙에 의지하며 교회 일에 열성을 기울일 때 남편이 갑자기 이별을 선언했다. 자신을 등한시한다는 불만을 자주 얘기했지만 나는 심각하게 받아들이지 않았었다. 머리를 도끼로 한 대 맞은 충격에 이유도 묻지 않고 등을 돌려 나왔다. 무엇보다 자존심이 상했다. 남편에 대한 내 마음은 변함이 없었지만 5개월 넘도록 연락 한번 하지 않았다. 언젠가는 다시 만날 거라는 생각은 변함이 없었지만 두고 보자 하는 앙심이 생겨 끝까지 참았다.

겨울날 아침, 출근 준비를 하는데 아랫집에서 물이 샌다고 올라왔다. 아랫집 보일러실로 물이 흘러내린다는 것이다. 회사 일이 바쁜 데다 어쩔 줄 몰라 남편한테 연락해야 하나 말아야 하나 수백 번도 더 망설였다. 종일 고민만 하고 있는데 저녁 무렵 아랫집에서 다급하게 재촉하는 전화를 받고 남편한테 연락했다. 응급조치를 취하고 가면서 다시 와서 마무리하겠다고 전화가 왔다. 다음날 오랜만에 남편 얼굴을 봤다. 자존심이 다 무너져 내리고 눈물이 쏟아져 주체할 수 없었다. 안겨서 엉엉 울고 싶었지만 참았다. 고민 끝에 자존심을 내려놓고 내 마음에 솔직하기로 마음먹고 다시 연락했다. 보일러가 고장 나지 않았으면 그대로 끝났을지도 모른다.

남편은 대학 시절 도배 장판 일을 시작하면서 직접 가게를 하겠다고 부모님에게 말했다가 호적을 파가라는 모진 말을 들었다. 결혼 승낙을 받으려다 형님이 결혼하기 전에 안 된다고 단칼에 거절당했던 상처도 있었다. 인생에서 중요한 일을 부모에게 수용 받지 못한 기억들이 마음 한구석에 자리하고 있었다. 내가 부정적인 뜻을 비추거나 기대했던 반응을 보이지 않으면 자기 뜻을 가로막는다고 받아들였다.

서로 생각을 조율하며 살기보다 조금이라도 서운한 마음이 생기면 마치 적대적인 관계처럼 될 때가 많았다. 무슨 문제든 각자 결정하면서도 서운한 마음을 감출 수 없었다. '나는 있으나 마나 한 존재인가? 무슨 의미야?' 불만이 벽돌처럼 하나씩 쌓여갔다. 자존심 때문에 상처받았다는 표현은 잘하지 않았다.

우리는 엄마, 아빠 역할 놀이를 하는 어린아이의 모습이나 다름없을 때가 많았다. 몸은 어른이지만 마음은 여전히 자라지 못한 어린아이였다. 내 존재를 부인하는 말이나, 행동, 표정이 입력되면 머릿속은 이미 복잡해진다. 불안해지면서 표정은 진지해지고 사고는 딱딱하게 굳어져 마음에 안정을 가져다줄 무엇이라도 부여잡기 바쁘다.

우리는 서로 표정이나 기분에 민감했다. 다른 일로 심각한 상태거나 기분이 별로 좋지 않아 보이면 무슨 일인지 이유를 알아볼 생각을 하기보다 오히려 내게 무슨 불만이 저렇게 많은가, 사랑하는 마음이 사라졌나 하는 생각이 들면 기분이 가라앉았다. 더 상처받기 전에 마음의 문을 닫아버렸다. 자신을 보호하기 위한 자존심은 튼튼한 방화벽 철문으로 바뀌기 일쑤였다. 남편의 생각 구조도 나와 비슷한 점이 많았다. 어떻게 해야 그 두꺼운 자존심의 벽을 무너뜨릴 수 있을까?

∴

무엇을 해도 항상 자신감이 없었다. 보험 업무에 대해 무엇이든 척척 잘하기 때문에 내가 자신감이 없다는 말을 사람들은 잘 이해하지 못했다. 무슨 문제든 다른 사람의 일에는 온갖 방법을 동원해 해결 방법을 찾아주면서 내 일은 옳은지 그른지 확신이 서지 않을 때가 많았다. 부모의 적절한 칭찬과 인정을 받지 못하고 자란 사람들의 특징이라는 설명을 책에서 보았다. 매사에 어떻게 해야 할지 몰라 늘 불안했다. 누군가의 긍정적인 반응을 확인하면 안심을 했다.

남편으로부터 고액의 명품 가방을 선물받은 적이 있었다. 친구가 직수입한 물건을 약간 싸게 구매했다고 했다. 나는 그 가방을 들고 외출할 수 없었다. 마음에 들지 않거나 아껴서가 아니었다. 한 달 정도 지난 후 겨우 들고나갔는데 사람들이 모두 나를 쳐다보는 것 같았다. 부끄러웠다. 내가 이 가방을 들고 다닐 자격이 있는지 의문이 들었기 때문이다. 비싸고 좋은 것은 내게 어울리지 않는 것 같았다.

남편 눈치가 보여 교회에 갈 때 어쩌다가 가방을 들고 갔다. 누가 가방이 좋다고 아는 체하면 여차저차 싸게 산 것이라는 설명을 덧붙였다. 불편했다. 내 고민을 들은 지인이 그 가방을 들고 다닐 자격이 충분하다는 위로를 건넸다. 그제서야 용기를 내 가방을 메고 다녔다. 하지만 남의 것을 들고 있는 느낌을 떨쳐버릴 수 없어 몇 번 들고 다시 넣어두었다. 가방 하나를 두고 자격 여부를 따지는 내 모습이 서글펐다. 가방은 장롱 속에서 몇 년째 주인의 손길을 기다리고 있다. 내게 적당한 최고 수준은 10만 원 선이라고 누가 정해놓았단 말인가?

업무상 매일 정장을 입고 다녔다. 스스로 정한 기준보다 비싼 옷을 입고 출근하면 쑥스러웠다. 변명하듯 세일할 때 싸게 샀다고 강조했다. 아무도 뭐라고 할 사람이 없지만 비싸고 좋은 것은 입을 자격이 없다는 생각이 나를 지배하고 있었다.

시간이 흐른 후 명품 수선을 하는 지인에게 물어볼 일이 있었다. 뜻밖의 대답을 듣고 놀랐다. 이곳 가죽 부위가 약간 다르게 보이는 걸 보니 진품은 아니고 A급 짝퉁이라고 했다. 알 수 없는 허무감이 찾아왔다. '그럼 그렇지. 내 주제에 무슨 명품 가방이야.' 짝퉁 가방을 두고 고민하고 자격 여부를 따진 내가 부끄러웠다. 타인과 비교하다 못해 이제는 명품이든, 짝퉁이든 가방과 자신을 비교하는 모습이 한심스러웠다. 심각한 고민에 빠졌다. '나는 왜 이럴까? 아무것도 아닌 일에 자격을 따지고 자기 비하를 일삼을까? 매사 짝퉁과 자신을 비교하고 있는 것은 아닐까?'

∴

내 마음 속에는 예쁜 구두 하나가 들어있다. 초등학교 1학년 때였다. 험한 산길로 다니면 흰 고무신은 금방 닳기 때문에 다

들 검정 고무신을 신고 다녔다. 자갈돌이 많은 산길을 뛰어다니면 발바닥이 아팠지만, 겨울철 외에는 검정 고무신을 줄곧 신었다. 새로 산 검정 고무신이 발뒤꿈치를 깨물어 절룩거리며 걸었다. 아버지는 내 발뒤꿈치가 벗겨진 것을 보고 신발가게로 데리고 갔다. 구두를 사주겠다고 해서 예쁜 빨간 구두를 신어봤다. 하지만 어린 나는 괜찮다고 극구 사양했다. 왠지 미안한 마음이 들었기 때문이었다. 아버지가 구두 대신 자장면을 사주었던 기억이다.

예쁜 구두를 사달라고 떼를 쓰고도 남을 나이였는데 왜 그랬을까? 초등학교 1학년 아이가 아버지가 먼저 사준다고 하는데 뭐가 미안해서 뿌리쳤을까? 그때도 나는 예쁜 구두를 신을 자격이 없다고 생각한 건 아닐까? 아버지의 칭찬을 받고 싶어서였을까? 아버지 마음을 예쁜 구두에 담아 소중하게 간직하고 있는데 왜 지금 눈물이 날까?

∴

책을 쓰겠다고 마음먹은 후부터는 서점에서 많은 시간을 보냈다. 어떤 책들이 나와 있는지 살펴보기도 하고 도움받을 책을 찾기 위해서였다. 인기도서가 진열된 매대에는 심리학 관련 책들이 많았다. 표지 날개에 적힌 저자 약력을 살피면서 눈을 뗄

수가 없었다. 비교를 잘하는 습관이 어느새 눈치를 채고 시동을 걸었다. 저자들은 정신과 의사나 박사, 상담 센터 원장들이었다. 그들은 상담하면서 만난 수많은 사례와 전문적인 지식을 바탕으로 책을 썼다. 아무것도 내세울 게 없는 자신이 초라했다. 20년 동안 보험회사에서 영업과 보험 상품을 교육한 것 외에 두 딸의 엄마로 쉰 고개를 넘은 게 내 이력의 전부였다. '내가 무슨 자격으로 책을 쓴단 말인가? 누가 사서 읽을까? 독자에게 무슨 도움을 줄 수 있을까?' 게다가 나는 30년 가까이 책과 담을 쌓고 살아왔지 않은가? 스스로 무능력한 사람으로 내몰고 나니 더 괴로웠다.

자신감이 사라지자 핑계가 생겼다. '진솔하게 쓰다 보면 나뿐 아니라 가족사가 적나라하게 드러날 텐데 마음대로 써도 될까?' 갑자기 부담감이 어깨를 눌렀다. 처음에 가졌던 용기와 열정은 사라지고 두려움이 나를 덮쳤다. 발가벗긴 내 모습이 세상에 드러난 것처럼 수치심이 나를 공격해 왔다. 온몸에 힘이 빠져 무기력하게 며칠을 보냈다.

내 안에 있는 또 다른 나, 부정적인 자아가 속삭이며 꼬이는 말이었다. 그림자처럼 달라붙는 수치심과 자기 비하감을 벗어나기 힘들었다. 비교하는 습관 때문에 스스로 빠져든 감정이었다. 패턴을 알면서도 벗어나지 못하고 되풀이하는 내가 보였다.

죄책감마저 덩달아 나를 괴롭혔다. "네가 무슨 자격으로? 전문가들도 많은데 감히. 네 처지를 알아야지!" 신데렐라 꿈을 꾸다가 깨어나 비참한 현실로 돌아왔을 때 느끼는 공허함처럼 점점 짙은 안갯속에 휩쓸려가는 자신을 발견했다. 어린 시절의 상처가 조금씩 치유되며 삶에 많은 변화가 일어났음에도 불구하고 어김없이 찾아오는 감정 세트였다.

나를 사로잡고 있는 핵심감정을 발견하기까지 오랜 시간이 필요했다. "원래 이게 나인가보다. 이렇게 태어났나 보다." 의심 없이 그 감정들을 그대로 다 받아들였다. 익숙한 감정들이니 당연하게 여겼다. 죄책감, 자기 비하, 수치심, 이 감정들을 누구에게 이야기한 적도 없을뿐더러 누구한테도 들은 적도 없었다. 어떤 감정이 먼저랄 것 없이 반복하며 내 안을 휘젓고 다니는 흐름에서 벗어나고 싶었다.

∙∙

어린 시절, 엄마가 감자를 캐오면 동생과 함께 껍질을 깎았다. 지금처럼 감자 칼이 아니라 얇고 비스듬하게 닳은 놋숟가락으로 깎았다. 나는 빨리 깎았고 동생은 깨끗하게 깎았다. 엄마는 동생을 칭찬했다. 감자를 깎을 때면 그 시절의 동생과 비교하며 깨끗하게 깎았는지 여전히 확인하는 나를 발견하고 있다.

승용차를 타고 다니다가 지하철을 이용할 때 적응하기 힘들었다. 지하철을 타고 다닥다닥 붙어 앉아있으면 눈을 어디에 두어야 할지 몰라 곤란했다. 어디로 고개를 돌려도 사람들 눈이 마주쳤다. 일부러 휴대전화기를 뒤지며 고개를 숙이곤 했다. 제일 힘든 것은 눈에 보이는 사람들과 뭔가를 자꾸 비교하는 내 모습이었다. 옷, 자세, 스타일 등 보이는 대로 그들과 나를 비교했다. 마치 틀린 그림을 찾는 듯했다.

내 비교의식은 딸도 피할 수 없는 대상이었다. 둘째 딸은 손이 야무지다. 빨래를 개더라도 옷 가게에 정리된 옷보다 더 깔끔하게 갰다. 이것을 보고 남편이 몇 번 칭찬했다. 빨래를 갤 때마다 딸과 비교하는 나를 지워버릴 수 없다.

∵ 구멍뚫린 가슴

 자주 보는 영상 프로그램이 있었다. 방청객으로 딸과 함께 온 어머니가 아들 이야기를 하는데 슬픔에 복받쳐 말을 잇지 못했다. 해병대까지 다녀온 아들을 갑자기 병으로 잃고 모녀가 같이 우울증을 앓고 있다는 사연이었다. 맛있는 것을 먹든 무엇을 하든 사는 것 자체가 아들한테 미안하다고 했다. 진행자가 아들의 죽음을 어머니 책임으로 생각하느냐고 묻자 그렇다고 대답했다.
 질병으로 죽은 아들이 어떻게 어머니 탓이겠는가? 죄책감과 슬픔에 말을 잇지 못하는 어머니를 보니 내 가슴도 미어졌다. 죄책감은 한번 달라붙으면 떨쳐버리기 힘들다. 자녀의 미래에 대해 어떻게 부모가 다 책임질 수 있을까? 나이가 들수록 스스로 생각하고 판단하면서 자신을 만들어갈 시기다. 부모는 푯대의 역할만 잘하면 된다지만 쉽지 않다.

딸이 중학교 일 학년 때 담임 연락을 받았다. 갖가지 상상을 하며 무거운 발걸음으로 교무실을 향했다. 딸은 교감 앞에서 반성문을 쓰고 있었다. 딸은 나를 보자 살짝 웃었지만 나는 눈앞이 캄캄했다. 바로 교감 앞에 가서 무릎을 꿇고 앉았다. "죄송합니다. 제가 잘못 키워서 그렇습니다. 죄송합니다."

울음이 터졌다. 딸이 반성문을 쓰고 있는 것도 내 책임으로 와닿았다. 딸의 잘못이 내 잘못이었다. 엄마의 이런 모습을 보면 더 반성할 것이라는 생각이 순간적으로 들었다. 딸의 잘못에 대한 책임이 내게 있듯, 딸을 바르게 돌이키는 것도 내 책임이라 믿었다.

책임감은 곧 죄책감으로 이어졌다. 문제의 원인을 내게 돌리자 후회가 밀려왔다. 죄책감에 빠지자 또 다른 문제가 생겼다. 딸이 잘못한 일에 대해 잘못됐다는 말을 할 수 없었다. 부모로서 마땅하게 꾸짖거나 훈계하지 못하고, 오히려 딸 눈치를 살폈다. 잘못인 줄 뻔히 알면서도 속만 끓이는 심정은 답답하기 짝이 없었다. 이중삼중으로 힘들었다. 빗나간 책임감과 죄책감이 겹쳐 아이들이 해야 할 일을 점검하기 바빴다. 따뜻한 말속에서 사랑이 오가는 행복한 가정은 점점 멀어졌다. 아이들의 행동이나 태도에 따라 실망하고 불안한 마음이 커졌다. 아이들은 엄마가 자신을 사랑하지 않는다고 생각했다. 엄마와 딸이라기보다는 키우고 공부시키는 데 필요한 경제적 지원을 담당한 사람과 후원을 받는 아이와의 관계 같았다. 업무로 엮인 사무실 직원처럼 해야 할 일을 묻고 따지는 관계로 바뀌었다. 마음의 벽이 높아질수록 서로 비난하는 마음만 쌓였다. 사랑은 가슴속 깊은 자리로 숨어들어 보이지 않을 만큼 쪼그라졌다.

회사 생활도 마찬가지였다. 보험영업을 하는 동안 영업실적과 신입 영업사원 모집에 대한 책임감이 목을 조였다. 월말 마감은 당연하고 일주일마다 화요 마감, 금요 마감으로 매주 영업실적을 평가했다. 빨간색으로 올라가는 실적 그래프는 매일 자신을 평가하고 남과 비교하는 그래프였다. 영업실적은 발로 뛴 만큼 성과가 나왔지만, 신입사원 모집은 쉽지 않았다. 몇 달째 신입사원이 없으면 죄인처럼 고개를 들지 못했다. 팀원이 결근하거나, 팀원 실적이 좋지 않은 것도 내 책임으로 와닿았다. 신입사원의 실적이 부족하면 걱정이 앞서 내가 모집한 계약을 보태 책임액을 맞추었다.

어린 시절 가난한 집안 형편을 피부로 느끼기 시작하면서 원망의 화살이 아버지에게 향했다. 힘들게 사는 것은 아버지의 무능력과 무책임 탓이라고 생각했다. 아버지처럼 살고 싶지 않아 회사 일에 더 전념했다.

영업 목표에 대한 책임은 끝이 없었다. 잘하는 사원과 비교하면서 더 많은 성과를 내기 위해 자신을 채찍질했다. 실적이 좋지 않거나 업무에 문제가 생기면 하늘이 무너질 듯이 한숨을 쉬었다. 내 표정에 따라 집안 분위기가 달라졌다. 휴일에 딸들을 데리고 놀러 갈 때도 고객과 함께 가야 마음이 편했다. 늘 회사 업무의 연장이었다. 주말이 끝나는 일요일 저녁이면 책임감이 가슴을 짓눌렀다.

수첩을 들여다보며 혼자 괴로워할 때가 많았다. 고객 보험료를 대신 내주고 받지 못한 돈을 기록한 수첩 페이지만큼 마음에 주름살이 늘었다. 결국은 포기했다. 계속 스트레스를 받고 에너지를 빼앗기는 것보다 빨리 포기하고 다른 일에 집중하는 게 훨씬 이익이라고 스스로 설득했다. 계약 체결을 하지 말았어야 하는 고객도 많았다. 회사에서는 계약 유지율과 수금 마감을 강조

하기 때문에 울며 겨자 먹기로 보험료를 대납하는 영수증을 끊을 수밖에 없었다. 미리 알 수 있다면 이런 결과가 없었겠지만 어떻게 사람 속을 다 알겠는가? 보험계약을 하겠다는 고객을 의심쩍다고 외면하는 일은 불가능했다. 배고픈 강아지가 간식을 눈앞에 두고 어떻게 참겠는가? 특히 양의 얼굴로 다가온 늑대를 분별할 힘이 없을뿐더러 악용하는 나쁜 고객도 있었다. 결국은 비난의 화살을 내게 돌렸다.

영업을 그만두고 교육 강사로 직업을 바꿨을 때 큰 해방감을 느꼈다. 보관해온 수첩을 다 버렸다. 15년 묵은 체증이 다 내려간 듯 시원했다. 당연히 주장할 권리 앞에서 당당하지 못하고 싫은 소리 한번 못한 것이 억울했다.

부탁을 거절해야 할 때나 남에게 불편한 말을 꺼내야 할 때 괴로웠다. 도망치고 싶었다. 온갖 이유와 변명거리를 한 보따리 늘어놓았다. 어쩔 수 없는 상황이라는 것을 이해시키기 위해서다. 돈을 빌려달라는 회사 동료의 부탁을 거절할 때도 스트레스를 받았다. 그 뒤 눈을 마주치지 못할 정도로 마음이 힘들었다.

거절은 정말 무거운 짐이었다. 누구에게 부탁하는 일도 똑같이 힘들었다. 내가 거절하기를 부담스러워하듯 상대도 부담스러워할 것이라고 믿기 때문이었다. 사정에 따라 들어줄 수도 있고 못 들어 줄 수도 있다는 것을 그대로 받아들이지 못했다.

어린 시절 아들로 태어나지 못한 것을 모두 내 책임으로 돌렸다. 아무도 내게 네 책임이라고 말하지 않았지만 어릴 때부터 머릿속에 박힌 생각이었다. 엄마와 언니가 이별한 것은 내가 딸로 태어났기 때문이라는 죄책감은 40년, 50년이 흘렀어도 변함이 없었다.

아들로 태어나지 않은 것은 분명 내 책임이 아니다. 내 죄책감은 시작부터 근거 없는 허상이었다. 책임감의 전제 자체가 잘못된 것이니 죄책감 또한 잘못 끼워진 단추였다. "맡은 바 책임을 다해야 떳떳한 사람이다. 책임을 다하지 않는 삶은 가치가 없다." 책임을 다할 때 내 존재 가치를 인정받을 수 있다는 신념이 가치관의 원천이었다. 딸로서 책임, 엄마의 책임, 회사 업무의 책임, 아내의 책임, 끝없이 달라붙는 책임이라는 올가미가 나를 움켜잡고 있었다. 책임은 만족을 모른다. 더 많은 것을, 더 높은 것을 요구할수록 행복은 멀어졌다. 구멍 뚫린 가슴은 아무리 발버둥 쳐도 채워지지 않았다.

무던히도 애썼다. 인정의 욕구를 채우려는 노력은 자신을 노예로 삼았다. 골수를 빨아들이는 블랙홀 같았다. 무슨 일이 생길 때마다 계속 반복하는 감정과 삶의 방식을 눈치채기 시작하자 괴로웠다. 틀 속에서 계속 찍혀 나오는 붕어빵같이 벗어나지 못하는 무력감에 수치심마저 들었다.

내 잘못된 가치관을 두 딸이 그대로 닮는다면 어떻게 될까? 문제의 사고가 대물림된다면? 자녀는 부모의 거울이라고 했다. 잘못된 가치관이 잘 포장되어 있을 때는 드러나지 않았다. 감춰진 가치관은 빈틈을 노리다가 눌린 용수철처럼 튀어나왔다. 처음에는 아무렇지 않은 듯 가면을 쓰고 감출 수 있지만, 시간이 지날수록 상처는 생손앓이처럼 곪아갔다. 결국은 문제의 가치관들이 사랑하는 가족에게 가장 큰 상처를 주었다. 직접 준 상처보다 내 가치관들이 딸들에게 속속들이 전해지고 있었다는 사실은 말할 수 없는 충격이었다.

생각 없이 지낼 때는 죄책감도 모르고 편하게 지낼 수 있지만, 훗날 대가를 톡톡히 치르고 만다는 비밀을 알고 말았다. 하지만 괴로움의 시작은 변화의 씨앗이었다.

어떤 감정이 먼저랄 것 없이
반복하며 내 안을 휘젓고 다니는
흐름에서 벗어나고 싶었다

2부 떠남

기억의 숲으로

3장

언젠가 잃어버린 것들

내가 걸어온 길이 아름다워 보일 때까지

난 돌아오지 않을 거야

이병률, 「끌림」

기억의 숲을 찾아서

 쉰 살, 처음으로 홀로 여행을 떠났다. 태어나서 처음으로 나 홀로, 기억의 숲으로 떠난 아득한 시간 여행이었다. 누구든 인생의 획을 긋는 특별한 전환점이 있다. 내게 쉰 살이 딱 그런 시간이었다. 훌쩍 여행을 떠나고 싶은 생각은 많았지만, 막상 떠나기가 쉽지 않았다. 어린 시절 다녔던 초등학교에 꼭 가고 싶었다.

 고속도로에서 빠져나와 꼬불꼬불한 시골 국도를 드라이브하다 보니 낯익은 안내판이 보이기 시작했다. 친구들 살던 동네를 지나 버스터미널과 우체국 건물이 보였다. 초등학교 앞 문구사와 눈인사를 건네고 학교 안으로 들어갔다. 물을 마시던 급수대와 이순신 장군, 세종대왕 동상이 여전히 학교를 지키고 있었지만 오랜 세월의 흔적은 숨길 수 없었다. 샐비어가 새빨간 꽃을 피우면 몰래 꽃부리를 빼서 꿀을 빨아먹던 화단도 그대로였다. 그네, 정글 짐, 철봉, 축구 골대, 농구 골대 모두 다 그대로인데 왜 이렇게 작아 보일까?

∵

"탕"

출발을 알리는 총성에 얼굴 발갛게 달아오르도록 뛰는 아이들, 1, 2, 3등 손등에 찍힌 도장, 손님 찾기, 영차영차 어른까지 합심한 줄다리기, 콩주머니를 던져 박을 터트리면 하늘 높이 울리는 함성과 쏟아져 나와 너울너울 춤추는 반짝이, 알록달록한 색종이 조각은 점심시간을 알리는 신호였다.

차전놀이, 놋다리밟기, 강강술래, 손에 땀을 쥐고 응원하던 계주 달리기 등 모두 넋을 놓고 구경하던 그 시절의 추억이 흘러갔다. 운동장은 하얀 반소매 티와 감색 반바지, 긴 양말과 하얀 실내화를 신은 아이들과 구경꾼들로 꽉 찼었다. 운동회는 어른이나 아이 할 것 없이 가장 큰 잔칫날이었다. 손꼽아 기다리던 가을 운동회, 마냥 즐거운 기억이 전부가 아니었다.

5학년 때였다. 여학생들은 강강술래에 맞춰 장대에 매달린 오색 끈으로 꼭대기부터 땋았다가 푸는 무용을 하는데 나는 교실에 남아서 청소를 했다. 한복과 족두리를 사야 하는데 가난한 형편 탓에 부모님은 말도 꺼내지 못하게 했다. 속상하기 짝이 없었지만 아무렇지 않은 척 꾹 참았다. 무용을 가르치던 선생님이 불러 야단을 쳤다. "너는 공부도 잘하는데 왜 무용복을 안 사 주니? 다시 말해봐라."

다시 말해봤자 소용없다는 것을 알았다. 남자 고무신을 신고 학교에 오고, 도시락은 보리밥에 고추장 반찬, 얻어 온 옷을 엄마가 줄여서 준 옷을 입었다고 놀림당했던 일 등 서글펐던 일이 떠올랐다.

'우리 집은 왜 이렇게 가난할까?' 어린 나는 가난이 마음을 아프게 한다는 것을 느끼며 자랐다.

그 시절의 상처는 내게 어떤 영향을 끼쳤을까? 아릿한 가슴을 다독이며 운동장을 가로질러 그네가 있는 곳으로 천천히 걸어갔다. 그네에 앉아 쇠사슬 줄을 잡고 발끝을 움직여 뒤쪽으로 멀리 끌고 갔다가 발을 떼고 다리를 앞으로 높이 뻗었다. 그네가 재빨리 앞으로 휘이익 올라갔다. 순간 눈을 감았다. 그네가 제자리로 돌아오더니 다시 뒤로 갔다. 엉덩이와 다리에 힘을 주어 더 높게 뻗으니 더 높이 올라갔다. 하늘이 가까워 보였다. 기분이 좋아졌다. 멀리 플라타너스와 운동장으로 내려오는 계단이 보였다. 운동장을 빽빽이 둘러싼 측백나무를 둘러보는데 아름드리 플라타너스 옆 벤치에 앉아 있는 단발머리 아이가 보였다.

∵

 그날 담임선생님은 내게 밖으로 나가 동시를 지어오라고 했었다. 동시 제목과 노트를 들고 운동장으로 갔다. 멀리 보이는 산을 바라보다가 하늘의 구름을 쳐다보기도 하고 운동장을 뒹구는 나뭇잎을 따라 시선이 멈췄다. 엄마 생각을 하다가 바람이 전하는 소리에 귀를 기울이며 연습장을 펼쳐 연필로 써 내려갔다. 혼자 교실을 나와 동시를 쓰던 시간에 나는 특별한 사람이 된 것 같아 마냥 즐거웠다. 종이 울리면 동시 몇 편을 선생님께 보였다. 선생님 칭찬에 날아갈 듯 기뻤다.

 담임은 문예반을 지도했고 학교 도서실을 관리했다. 도서실 청소와 정리를 맡았던 것은 내게 큰 행운이었다. 태어나서 처음으로 책이 많다는 것을 알았다. 덕분에 책에 푹 빠졌다. 책 읽을 시간이 없어 산길을 걸어 다니며 책을 읽고 밥을 먹으면서도 책을 놓을 수 없었다. 나에게 책벌레란 별명이 붙었다. 선생님은 가끔 책을 한 권씩 주시고 읽고 독후감을 써오라고 할 때도 있었다. 계몽사에서 주최하는 대회에 독후감을 보내 상을 받기도 했다. 상으로 받은 두툼한 계몽사 노트는 일기장이 되었다.

기억의 숲에는 아픔만 있는 것이 아니었다. 내게 글쓰기 씨앗을 심어준 선생님이 감사했다. 지금까지 그 고마움을 까마득하게 잊고 살았다. 행복한 기억을 캐는 기쁨은 잃어버린 보석을 찾는 것보다 반짝반짝 빛났다.

∴

초등학교에서 멀리 떨어진 중학교로 향했다. 발걸음이 가볍지 않았다. 폐교를 알리는 현수막이 마중을 나와 있었다. 씁쓸했다. 학교 이름이 새겨진 커다란 바위는 교문을 대신해 끄떡없이 자리를 지키고 있었다. 아무도 없는 운동장을 차지한 잡초들이 겨울바람에 흔들렸다. 녹슨 교단만 덩그렇게 놓여있었다. 교단 앞에는 열네 살 소녀가 서 있었다. 소녀는 36년간 꼼짝하지 않고 그대로 나를 기다리고 있었다. 기억의 숲에서 내가 꼭 만나고 싶은 사람이었다.

전교생이 운동장에 모인 아침 조회시간이었다. 며칠 전에 끝난 학력고사 시상을 했다. 각 학년에서 1등을 차지한 학생이 대표로 나가 상장을 받았다. 내 이름이 들렸다. 얼마나 간절히 바라던 순간인가? 기쁨은 잠시, 머리가 복잡했다. '앞으로 뛰어나가면 선생님과 친구들이 다 나를 쳐다보겠지.' 갑자기 부끄러웠다. 머뭇거리고 있는데 다시 이름이 들렸다. 선생님들과 전교생 앞에서 뛰어가면 젖가슴 출렁거리는 모습이 보일까봐 걱정이 앞섰다. 나는 한쪽 팔을 깁스 한 것처럼 굽혀 다른 한쪽 팔을 잡고 뛰었다. 아무래도 이상한 몸짓이었다.

담임은 교실에 돌아갔을 때 왜 팔을 그렇게 하고 다니느냐며 야단을 쳤다. 습관이라며 거짓말로 둘러댔다. 창피해 죽을 것 같았다. 사정을 알면서 일부러 묻는 담임이 야속해 눈물만 삼켰다. 선생님은 브래지어를 착용했는지 수시로 검사했는데 주의 줄 때마다 괴로웠다. 사정을 눈치챈 친구가 브래지어를 하나 건네줬다. 그것이 내 인생의 첫 브래지어였다.

··

발걸음을 옮겨 건물 입구로 갔다. 5층 건물이 처량해 보였다. 닫혀 있는 문을 흔들어 보았으나 꼼짝하지 않았다. 교실 창문마다 꼭꼭 닫혀 있었다. 1층 입구 옆의 서무실 안이 훤히 들여다보였다. 창틀에는 누렇게 마른 난 화분이 나란히 서 있었다. 지난날 선생님 앞에서 고개를 숙이고 서 있던 내 모습 같았다.

중학교 2학년 때였다. 서무 선생님이 부른다고 친구가 말했다. 덜컥 겁이 났다. 벌써 한 달째 학교 컴퓨터 구매비 천 원을 내지 못하고 있었다. "전교생이 다 냈는데 왜 너만 안 내느냐? 공부도 잘하는데 왜 돈을 안 주느냐? 천 원밖에 안 되는데." 죄인처럼 고개를 숙이고 아무 말도 못 했다. 쏟아지는 눈물을 억지로 참았다.

새벽에 잠을 깼다. 두런두런 이야기 소리가 들렸다. "빚만 계속 늘고 농사를 접어야겠다. 포기하고 건설 현장 막노동도 이것보다 낫겠다. 다시 영주로 이사 가자." 자는 척하고 듣고만 있었다. 이사 비용과 당장 살 집을 구할 돈까지 빌려야 한다고 했다. '8년간 온 가족이 고생하고 땀 흘린 대가가 겨우 이것밖에 안 된단 말인가?' 가슴이 먹먹했다. 그날도 눈물이 베개를 적셨다.

∴

초등학교 5학년 때 초경을 시작했다. 혼자 끙끙 앓았다. 생리에 젖은 속옷이 말라붙어 걸을 때마다 불편한 데도 참았다. 고민하면서 몇 달이 지났다. 한참 후 엄마가 알게 되었을 때도 잘못을 저지른 아이처럼 숨고 싶었다. 매달 몸도 마음도 힘들었다. 여자인 것이 싫었다. '내가 아들로 태어났더라면 이런 일도 없을 텐데.'

딸로 태어나 느꼈던 죄책감은 가난이라는 현실과 함께 내게서 당당함을 빼앗아 갔다. 가난해도 공부를 잘하면 자존심을 지킬 수 있을 줄 알았는데 현실은 그렇지 않았다. 내 발목을 잡는 문제가 또 있었다. 신체의 변화를 느끼면서 부끄러움이 심해졌다. 딸로 태어난 것이 떳떳하지 못한 것처럼 여자가 되어가는 것도 떳떳하지 못했다. 엄마한테 브래지어를 사달라고 말하지 못한 이유는 가난 때문이기도 했지만, 여자가 되는 것이 부끄럽고 당당하지 못하다는 생각이 내 의식 밑바탕에 깔려있기 때문이었다. "엄마, 나 생리를 시작했어. 이제 브래지어를 해야 해." 이런 말을 어린 가슴에 묻은 채 혼자 안절부절못하고 있는 소녀를 말없이 안아주었다.

∴

 황량한 벌판을 이리저리 손잡고 거닐며 그 어린 소녀에게 아니, 어린 내게 속삭였다.

 어린 시절 부잣집 양녀가 되는 상상을 종종 했었지. 부잣집 양녀가 되어서라도 부모님을 도와주고 싶은 마음이 간절했어. 키다리 아저씨나 신데렐라 같은 동화 속 주인공이 되는 상상도 수없이 했잖니. '대통령께 편지를 써서 집안의 어려움을 도와달라고 해볼까?' 별의별 생각을 다 했지만 내 힘으로 해결할 수 있는 문제가 아니라는 것을 알았지. 너는 공부만 잘하면 다 해결될 줄 알고 열심히 공부했어. 주말이면 농사일을 돕기 바빴지. 산길을 통학하며 책을 들고 다니고 쪽지에 외울 것을 써서 들고 다니다가 넘어지기도 했잖니. 너는 브래지어 사건 이후 한쪽 팔을 잡고 뛰어가는 네 모습만 기억하고 있구나. 어려운 환경 속에서도 전교 일 등을 했던 똑똑하고 자랑스러운 너는 온데간데없구나.

오랜 세월 가난한 소녀를 운동장 교단 앞에 세워두고 살았구나. 아직도 너는 선생님 앞에서 아무 말도 못 하고 고개를 숙이고 어쩔 줄 모르고 있구나. 가정 형편 때문에 생긴 수치심이 너를 따라다니며 괴롭혔지. 어른이 되어서도 부유한 사람 앞에서 고양이 앞에 쥐처럼 주눅이 들고 초라해졌지. 마치 선생님 앞에 서 있던 열네 살 가난한 소녀가 된 것 같았어.

성남아, 마음껏 울어. 많이 아팠지. 힘들었지. 가난은 죄가 아니야. 여자로 태어난 것도 잘못이 아니야. 세상의 절반인 여자가 얼마나 소중한 존재니? 너도 모르게 자신을 수치스럽게 여겼구나. 과거의 그릇된 사회적 통념 중의 하나였어. 네가 수치스러운 존재라고 말하는 건 마귀의 속삭임이야. 어떤 환경과 조건도 너를 평가하는 기준이 아니란다. 너는 이 세상에 단 하나

뿐인 소중하고 가치 있는 존재야. 네가 어떤 모습이든, 네가 어떤 환경에 처해있든, 능력과 관계없이 네 자체가 소중한 존재란다.

네가 겪은 가난과 아픔은 어려운 사람들을 이해하고 도와줄 밑거름이 될 거야. 상처의 크기가 사명의 크기라는 말처럼. 힘들고 지친 사람들 가슴에 따뜻한 위로와 용기를 줄 거야. 사랑스러운 성남아, 잘 살아줘서 고마워.

가슴에 응어리진 수치심, 열등감, 부서진 자존감을 운동장 저 끝 담 너머로 멀리멀리 날려 보냈다. 가난으로 인해 쌓였던 슬픔도 뜨거운 눈물에 녹아내렸다. 열네 살 소녀도 활짝 웃으며 손을 흔들었다. 교문을 걸어 나오는 발걸음이 가벼웠다.

만약 내가 아들이라면

엄마는 딸 넷과 부부가 사는 집 아랫방에 딸 하나와 살고 있었다. 뱃속에 든 아기와 일곱 살 딸이 함께 공존하기 힘든 공간이었다. 한 지붕 아래 갑자기 새로운 여자와 아이에게 남편과 아버지를 나누어야 하는 가족들은 이런 불편한 상황을 견디기 힘들어했다. 마음 편할 겨를 없이 눈치를 봐야 하는 긴장의 연속이었다. 나는 엄마 뱃속에 있었다. 크고 작은 사건이 벌어질 때마다 엄마의 후회와 슬픔은 배가 불러올수록 더 커졌다. 엄마의 서글픔과 원망, 스트레스가 고스란히 느껴졌다.

'아들로 태어나야 엄마가 슬프지 않을 텐데. 나는 딸이다. 어쩌지?' 나는 한껏 움츠려 가족들 모두의 눈치를 살폈다. 다른 사람들의 말과 행동에 세심하게 귀 기울였다. 매일 긴장의 연속이었다.

이런 태중 환경에서 자랐던 나는 주변 사람 눈치를 살피는 일에 거의 반사적이었다. 윗사람은 물론이고 친구나 아랫사람, 남편뿐만 아니라 어린 딸들 눈치도 살폈다. 상대의 마음을 헤아려 미리 배려하고 챙기는 점이 발달해 좋은 점도 있었지만 피곤했다. 눈치 보는 습관에서 벗어나고 싶지만 어려웠다. 편안하게 쉬는 순간은 잠들었을 때뿐이었다. 나는 혼자 있어도 라디오나 가요를 듣지 않았다. 소리가 흘러가지 않고 내게 와서 멈추기 때문이었다.

∴

큰엄마는 셋째 딸이 태어날 때 이야기를 종종 했다. 또 딸이 태어나자 실망이 컸고 남편 보기에도 미안해서 아기를 이불에 돌돌 말아 방 윗목에 이불 보따리처럼 덩그렇게 밀쳐두었다고도 했다. 아무리 울어도 젖을 주지 않고 쳐다보지도 않았다. 죽을힘을 다해 울던 아기가 조용해졌다. 그제야 이불을 펼쳐봤더니 아기는 죽지 않고 입을 오물오물거리고 있었다. 큰엄마는 정신을 차리고 겨우 젖을 물렸다고 했다.

세상에 나오자마자 생사의 갈림길에 설 수밖에 없었던 언니는 얼마나 무섭게 울었을까? 나보다 다섯 살 위인 언니 일이 결코 남의 일처럼 느껴지지 않았다. 큰엄마의 이야기에 집중할 때마다 내가 이야기 속 주인공이 되었다. 큰엄마의 힘든 마음을 고스란히 전달받아 그대로 눈망울에 담았다.

딸로 태어난 나는 잘못 태어났구나 하는 생각이 스며들었다. 존재에 대한 불안감은 안전한 곳을 갈구했다. 누가 권위자인지, 어디에 있으면 좋을지, 내 존재를 인정받으려면 어떻게 해야 할지 눈치가 빨랐다. 그 시절 나는 큰엄마 품에서 안정을 찾았다. 나를 인정해 주는 큰엄마 앞에서는 불안이 사라졌다.

∴

초등학교 3학년 때 일이다. 엄마는 밭에서 담뱃잎을 뜯고 아버지는 지게로 져 날랐다. 나는 긴 줄에 담뱃잎을 엮고 있었다. 네 살짜리 남동생은 마음대로 걸어 다녔다. 갑자기 남동생이 크게 우는소리가 나서 달려갔더니 부엌 아궁이에 올려진 냄비를 끌어당겨 작은 손이 벌겋게 화상을 입은 상태였다. 나는 어쩔 줄 몰라 차가운 물에 손을 담가주었다. 아버지가 달려와 이웃집에서 소주를 얻어 손을 담갔다. 동생은 더 크게 울었다. 아버지는 불같이 화를 내며 동생을 제대로 돌보지 못했다며 사정없이 나를 때렸다.

이웃집에서조차 아버지가 지나치다고 한마디씩 했다는 이야기를 뒤에 전해 들었다. "아무리 귀한 아들이 다쳐도 담뱃잎을 엮으며 일하던 애가 무슨 잘못이야." 아버지는 동생의 잘못도 내게 책임을 물었다. 동생들 대신 내가 혼나고 야단을 맞거나 매를 맞을 때가 많았다.

장녀라는 책임은 견딜 수 있었지만, 아들이 아닌 딸이라는 서러움은 견디기 힘들었다. '만약 내가 아들이었다면 아버지가 나를 이렇게 때렸을까? 여동생이 화상을 입었다면 내가 그렇게 맞았을까?'

∴

5학년쯤이었다. 남동생은 아버지를 믿고 뭐든 마음대로 했다. 나는 몽당연필도 볼펜 대에 끼워 쓰고 모든 학용품을 아꼈다. 여섯 살 남동생은 호시탐탐 내 학용품을 노렸다. 학용품을 빼앗아 곧잘 망가뜨려 놓곤 했다. 숙제하고 있으면 남동생은 틈을 노리다가 잠시 생각하는 틈을 타 연필을 낚아챘다. 동생에게 빼앗기지 않으려고 승강이를 벌이다가 그만 뾰족한 심에 손이 찔렸다. 연필심이 꽤 깊게 들어갔다. 너무 아팠다. 동생은 그 틈을 이용해 연필을 가져갔다. 나도 화가 나서 연필을 확 빼앗았다. 동생은 큰 소리로 울고, 아버지의 불호령이 떨어졌다. 동생에게 연필을 주라고 했다. 연필을 내놓지 않고 버티다가 또 매를 맞고 서럽게 울었다.

지금도 손에 두 군데나 까만 연필심 자욱이 남아있다. 이런 일이 있을 때마다 결과는 같았다. 아버지께 혼나고 매를 맞는 일 대부분은 남동생과의 문제였다. 엄마도 아버지가 심하다고 생각했는지 가끔 위로의 말을 건넸다. "엄마는 너를 아들이라고 생각한다."

∴

동생이 초등학교 2학년 때는 한글을 제대로 몰라 엄마가 학교에 간 적이 있다. "누나들은 다 공부를 잘해서 칭찬만 들었는데 하나밖에 없는 아들은 왜 공부에 관심이 없을까? 선생님 앞에서 얼굴을 못 들었다." 아버지는 버럭 화를 냈다. "하나밖에 없는 남동생 공부도 안 가르치고 뭐 했냐?"

아버지가 원망스러웠다. "오로지 남동생밖에 모르면서 왜 남동생이 공부 못하는 것은 내 책임으로 돌려요? 아버지가 가르치면 되잖아요." 아버지에게 대들었다. 아버지는 나를 때리기 시작했다. 서러워 엉엉 울면서 하고 싶은 말을 쏟아냈다. "아버지가 오냐오냐하고 키워서 남동생이 저렇게 마음대로예요. 공부를 가르친다고 내 말을 들어요? 다 아버지 탓이에요!"

엄마는 잘못했다고 싹싹 빌라고 했지만 나는 빌지 않았다. 집을 뛰쳐나왔다. 골목을 벗어나는데 엄마의 목소리가 들렸다.

"남아, 남아!" 엄마가 다가왔다.

"남아, 네 아버지와 헤어지려고 수십 번도 더 마음먹었지만 널 아비 없는 자식으로 만들지 않으려고 지금까지 참고 살았다. 너는 이제 많이 커서 어디를 가든지 살아가겠지만 나는 네가 없으면 못 산다. 엄마를 봐서라도 집에 가자. 남아, 너는 나한테 아들과 똑같다. 집에 가자."

캄캄한 하늘에 별들이 가득했다. 엄마의 마음을 수많은 별이 비쳐주었다. 고마웠다. 엄마에게 꼭 아들 노릇을 해야겠다고 생각했다.

∴

엄마에게 아들이 되고 싶었다. 아버지에게도 아들이 되고 싶었다. 그런 생각은 나이가 들수록 책임감으로 발전했다. 부모님께 잘한 것은 없지만 무슨 일이 생기면 내가 해결하려고 애썼다. 편찮으실 때 병원에 모시고 가는 것은 내 차지였다. 엄마가 허리 디스크 수술할 때도, 무릎 인공관절 수술을 할 때도 마찬가지였다. 아버지가 암으로 진단받고 큰 병원에 모실 때도, 돌아가시기 전 요양병원 계실 때도 책임을 다했다.

마음에서 우러나오긴 했지만 언제나 책임감이 앞섰다. 부모에 대한 존경과 사랑보다는 의무감과 책임감이 더 컸던 것 같다. 부모님께 잘 해 드리지 못하면 책임을 다하지 못했다는 죄책감에 괴로웠다. 아들 같은 딸이 되는 것이 내 역할이라고 믿었다. 아들보다 부모를 잘 챙긴다는 걸 보여주고 싶었는지 모른다.

산골 소녀의 봄

 나는 어린 농사꾼이었다. 엄마는 동생을 낳은 후 아플 때가 많았다. 내가 늘 농사일에 손을 보태야만 했다. 평상시 농사일을 돕는 것은 괜찮은데 학교에 결석하는 날이 많은 게 큰 문제였다.

 이른 봄, 밭이랑에 비닐을 깔고 담배와 고추 모종을 심는 일은 고된 시간이었다. 동생이 따라온다고 떼를 쓰면 밭 한쪽에 놓인 커다란 고무통 안에서 놀게 하고 나는 비닐을 꽉 잡고 이랑 끝까지 뛰었다. 몸집도 자그마한 내가 송아지의 코뚜레를 잡아끌고 앞장 서면 아버지는 뒤에서 쟁기질했다. 밭을 갈아엎으며 한 골씩 이랑을 만들었다. 송아지는 이리저리 제멋대로이기 때문에 내가 앞에서 끌고 다녔다. 천방지축 송아지를 끌고 다니면 땀이 뻘뻘 난다.

"이랴, 어데데" 아버지 소리가 커졌다가 작아졌다 한다.

"어데데" 산에서 메아리 소리가 아련하게 울린다. 땀으로 젖은 얼굴에 흙까지 묻어 엉망인 아버지를 보면 힘들다는 말을 할 수 없었다.

송아지는 말썽꾸러기다. 코뚜레를 잡고 끌어당기면 많이 아플 텐데 마음대로다. 이리저리 다니며 풀을 뜯어 먹고 놀고 싶은가 보다. 여기저기 궁금한 것도 많다. 내 마음도 송아지 같았다. 커다란 눈망울에는 어미 소 옆에서 재롱이나 피우고 놀고 싶은 마음으로 가득하다.

농작물을 심기 전에 겨우내 얼고 딱딱해진 밭을 일구어야 한다. 집집마다 소가 앞에서 끌면 뒤에서 쟁기질했다. 옆집 명숙이네는 일 잘하는 어미 소를 데리고 쟁기질만 했다. 코뚜레를 잡고 끌 필요도 없다. 어미 소는 비싸다. 우리는 남의 송아지를 키워주며 농사를 짓고 어미 소가 되면 팔아서 약간의 돈을 받았다.

한낮의 태양은 구름과 숨바꼭질을 하더니 어느새 내 그림자가 점점 길어졌다. 작은 키가 거인처럼 커지면 집에 갈 시간이 다가온다. 해 질 녘 아버지는 뒤에서 천천히 걸어오는데 나는 송아지와 함께 껑충껑충 신나게 뛰어갔다. 엄마가 지어준 꽁당보리밥은 푹 퍼져서 더 꿀맛이었다. 밤에 잠을 깼는데 코피가 쏟아졌다. 베개와 이불에 코피가 묻어 엄마를 쳐다보았다. 엄마는 괜찮다고 했다.

친구들은 모두 경주로 수학여행을 갔다. 6학년 때 일이다. 수학여행비를 낼 수 없어 아예 포기했다. 여행을 못 간 친구들은 봄 소풍을 갔다. 아버지는 담배 모종을 심어야 하니 소풍도 빠지라고 했다. 바쁜 농사철 형편은 알지만, 소풍이라도 가고 싶었다. 평소에는 아버지가 결석하라고 하면 아예 포기하고 순순히 따랐지만, 그날은 양보하기 싫었다.

엄마에게 밥만 싸달라고 부탁했는데 아버지가 그 말을 듣고 매를 때렸다. 소풍마저 가지 못하고 매를 맞자 수학여행까지 못 간 슬픔과 서러움에 복받쳐 참았던 울음보가 터졌다. 울면서 밭으로 갔다. 하늘을 날아다니는 새들과 잠자리, 길가의 꽃들이 말을 걸어왔다. 따뜻한 위로에 눈물이 마르기도 전에 기분이 풀어졌다. 금방 점심 먹을 시간이 되었고 곧 해가 넘어가자 날이 어둑어둑해졌다. 종일 말 한마디 입 밖에 내지 않았다.

4학년 때 학교에 가지 말라는 아버지 말을 거역하고 학교로

도망친 적도 있었다. 일찍 일어나 가방만 챙겨 얼른 집을 나왔다. 십 리가 넘는 산길을 걸어야 하지만 학교에 가는 것이 배고픈 것보다 더 좋았다. 새벽 공기가 상큼했다. 날아다니는 새들과 잠자리가 나를 반겨주었다. 길가의 나무와 꽃들도 나를 반겼다. 종일 배에서 꼬르르 소리가 났다. 수돗가에서 물을 마셨다. 누구에게도 배고픈 티를 내지 않았다. 학교를 마치고 마을 어귀까지 왔다. 집에 들어가야 하는데 혼날 생각에 걱정이 태산이었다. 친구 집에서 놀다가 어둑어둑해져 들어갔다. 다행히 아버지는 아무 말이 없었다. 엄마는 종일 굶고 산길을 갔다가 밤중에 들어오냐며 눈물을 글썽거렸다.

∴

내 고향은 경북 봉화군 청량산 근처에 옥산이라는 산골 마을이었다. 학교에서 십 리 이상 떨어진 깊은 산골이다. 모두 12가구였는데 오래전에 모두 이사 나가고, 고랭지 채소를 재배하는 사람만 있다는 이야기를 전해 들었다.

봄이 오면 진달래가 분홍 저고리를 입고 여름이면 초록 나뭇잎들이 산을 살아 춤추게 한다. 가을엔 울긋불긋 단풍이 온통 산을 수놓는다. 겨울은 눈꽃 송이가 온 세상을 하얗게 뒤덮는 곳이다.

엄마는 생각조차 하기 싫은 곳이라 하지만 나는 그곳이 늘 그립다. 중학교 때 이사나 온 후 가보지 못했다. 깊은 산속인 데다 사람이 살지 않은 지 오래되어 혼자는 찾아갈 엄두도 내기 어려웠다. 그곳을 찾았다. 학교에서 집으로 가던 길은 40여 년 세월이 흘렀는데도 전혀 낯설지 않았다. 수업이 끝나면 집으로 갈 때마다 마음의 준비를 했다. 산꼭대기까지 보이는 가파른 길을 쳐다본 다음, 길을 오르기 시작했던 기억이 났다.

매일 아침 7시에 집에서 나왔다. 아침에 학교에 갈 때는 지각할까 봐 뛰어서 내려갔다. 가파른 내리막길을 쉴 새 없이 뛰어도 한 시간 반이 넘게 걸렸다. 뛰다 보면 멈추기 힘들어 군데군데 있는 나무를 붙잡고 멈추었다. 매번 붙잡고 멈췄던 나무들은 닳고 닳아서 나무껍질이 반질반질했다. 돌부리나 나무뿌리에 걸려 넘어지거나 자갈돌에 미끄러져서 엉덩방아를 찧는 일은 예사였다. 집으로 돌아가는 오르막길은 끝도 없었다. 빨리 가도 두 시간이 넘게 걸리고 쉬면서 놀다 가면 서너 시간이 훌쩍 넘었다. 가파른 오르막길은 숨을 헐떡거리며 몇 번을 쉬어야 했다. 발아래를 내려다보면 아찔한 낭떠러지도 많았다. 친구들과 노래자랑, 학교놀이, 보물찾기 등으로 우정을 쌓는 시간이었다.

집으로 가는 길목에 있는 산소는 우리 놀이터였다. 양지바른 데다가 평평한 곳은 이곳이 유일했다. 주변에 깔린 자갈돌 중에 적당한 것으로 공기놀이를 했다. 아플 때는 산소 잔디에 누워 한숨 자기도 하고 엎드려 숙제할 때도 있었다. 산소는 무서운 곳이 아니라 우리에게 기꺼이 자신의 빈자리를 내어주는 친구였다. 가을에는 가끔 시사를 지내러 온 사람들도 만났다. 노란 시루떡을 얻어먹었던 고마운 곳이다.

가파른 오르막길을 걸어 산꼭대기까지 올라와 저 아래에 까마득한 학교가 보이면 절반쯤 왔다. 다시 좀 완만한 산 능선을 따라 두어 고개를 오르락내리락하면 마을이 보인다. 집에 도착할 즈음은 배가 무척 고팠다. 사실은 출발할 때부터 배에서 꼬르륵 소리가 들렸었다. 점심 도시락을 먹었지만 늘 배가 고팠다. 봄에는 참꽃을 따 먹고 찔레를 꺾어 먹었다. 송구라고 부르던 물오른 소나무 가지를 꺾어 겉껍질을 벗겨내고 속껍질을 하모니카 부는 것처럼 긁어먹기도 했다. 가을에는 길가 대추밭에서 대추를 털고 난 후 밭에 떨어진 대추를 한동안 주워 먹는 행복을 누렸다. 쪼글쪼글 빨간 대추는 달콤하고 맛있었다.

겨울에는 해가 금방 넘어갔다. 학교에서 늦게 마쳤다. 캄캄한 밤에 두 시간 넘게 걸리는 산길을 혼자 걸어갈 생각에 눈앞이 캄캄했다. 혹시 중학생이나 있는지, 장에 왔던 어른을 만날까 기대하며 발을 굴렀다. 점점 더 어두워졌다. 누구든 같이 갈 수만 있으면 살 것 같았다. 배에서 나는 꼬르륵 소리는 문제가 아니었다. 얼마 전 마을 어른 한분이 술을 먹고 산언덕 길에서 잠들어 죽은 적도 있었다.

어른들도 밤에 혼자 산길을 오다가 토째비(도깨비)에 홀려 온 산을 헤매고 다녔다는 얘기도 생각났다. 혼자 산길을 갈 용기가 나지 않았다. 공포에 떨다가 울음이 쏟아졌다. 차라리 콩 단을 세워 쌓아놓은 곳이라도 들어가 자는 편이 낫다는 생각이 들었다. 온갖 생각들이 꼬리를 물었다. 공포가 밀려왔다. 한참을 울었는데 아줌마가 나타났다. 사정을 듣더니 자기 집에서 자고 가라고 했다. 천사가 나타난 것 같았다.

힘들고 아픈 기억이 훨씬 많았기에 더 그리운 게 아닌지 모르겠다. 아픈 몸을 이끌고 겨우 다니던 일, 배고팠던 기억, 한여름 땡볕에서 땀으로 옷이 흠뻑 젖던 일, 소나기로 비를 맞고 오들오들 떨던 기억, 눈길에 푹푹 빠져 발이 꽁꽁 얼었던 아픔도 헤아릴 수 없다. 그래도 눈이 쏟아지면 눈과 친구하고, 세찬 바람이 불어오면 나무와 같이 흔들리며 다녔다. 하루에 서너 시간씩 걸리는 등하굣길은 우리와 모든 것을 함께 나누는 친한 벗이었다.

산길을 혼자 가게 될까 봐 가슴 조이며 걱정하던 산골 소녀를 꼭 안아주고 싶다. 내가 살아온 낯선 인생길도 마찬가지였다.

혼자 남을까 봐, 누군가 곁을 떠날까 늘 걱정했다. 두려운 마음에 "No"라고 말하지 못했다. 내 주장보다 남의 뜻대로 따라가려고 애썼다. "응. 난 괜찮아." 입버릇처럼 반복하며 감내하려고만 했다.

천사들의 사랑

 초등학교를 찾았다. 학교 앞 도로 양옆에는 옛날 상가들이 그대로 있었다. 심부름하러 다녔던 가게들이다. 필요한 물건 대부분은 내가 사다 날랐다. 무겁고 냄새 지독한 농약을 땡볕에 힘들게 들고 갈 때도 있었다. 병치레가 많던 우리 집은 약이 떨어질 날이 없었다. 나는 약방 단골이었다. 노루모산, 아스피린, 기응환, 정로환 아직도 약 이름이 생생하다.

 가게들은 옛 모습을 간직하고 있었다. 학교 앞 문구점, 하얀 냉기가 올라오는 아이스케키 통이 놓였던 곳, 즐겨찾던 농협연

쇄점, 마을로 오는 편지를 맡아주던 시계 방, 어렴풋한 친구 집이 영화의 한 장면처럼 하나둘 살아났다. 하나도 놓치고 싶지 않아 사진을 계속 찍었다.

초등학교는 천국과 같은 곳이었다. 선생님과 친구에게 인정받고 칭찬받던 기억이 훨씬 많다. 학교만 오면 행복했다. 초등학교 공간만은 행복한 이야기로 가득했다. 어려움 속에서도 희망을 잃지 않고 버틸 수 있었던 보물을 묻어둔 옥토였다. 교실이 있던 건물 하나와 도서실이 있던 건물은 없어지고 교무실이 있던 건물은 3층으로 올라가 있었다. 교사 사택이 있던 자리는 테니스장이 자리 잡고 있었다.

초등학교 4학년 담임선생님 생각이 떠올랐다. 선생님은 대구 사람이었다. 시골의 모든 것을 신기하게 여겼다. 봄에 천지로 피어있는 진달래꽃을 꺾어오면 도시에서 이런 꽃은 살 수도 없다며 좋아했다. 싸리나무로 만든 빗자루도 이리저리 뜯어보며 신기하게 여겼다. 어린이날 선생님은 리코더를 하나씩 선물로 나눠주었다. 나는 리코더 배우는 시간이 좋았다. 선생님이 그냥 좋았다. 점심 도시락을 싸 오지 않는 친구들에게는 교실에서 버너로 코펠에 라면을 끓여 주기도 했다. 친구들은 부끄러워 도망 다녔다. 시험 성적이 좋으면 새우깡, 짱구 같은 과자를 한 봉지씩 상으로 나눠주었다. 선생님은 천사였다.

수업을 마치고 교실 청소를 하고 있는데 갑자기 소나기가 쏟아졌다. 비를 흠뻑 맞고 집으로 갈 생각을 하니 걱정이 태산이었다. 그때 선생님이 자신이 입던 커다란 비옷을 내게 입혀주었다. 소매를 둥둥 걷고 모자를 씌워 주며 빨리 집으로 가라고 했다. 몸집이 작은 내게 커다란 비옷은 우습기 짝이 없었다. 부끄러웠지만 먼 산길을 혼자 가는데 조금도 무섭지도 않았다. 발걸음이 날아갈 듯이 가벼웠다.

6학년 때는 전교 어린이 회장, 부회장을 뽑았는데 우리 반 부회장이었던 나는 전교생이 모인 가운데 운동장 앞 교단에 올라가 연설을 했다. 깨끗한 학교를 만들겠다는 공약을 내걸어 부회장으로 뽑혔다. 4학년 이상 학생들이 투표한 선거에서 뽑혔다는 사실에 무척 뿌듯했다. 공부, 글짓기, 친구 관계, 일기 쓰기, 청소, 무엇이든 모범이 되려고 노력했다. 선생님의 인정과 칭찬에 행복했다. 지금 생각해 보면 자존감이 가장 높았던 시기가 아니었을까 싶다.

그 시절 나는 선생님의 격려와 사랑을 아낌없이 받았다. 가난이 크게 내 앞길을 가로막는다고 생각하지 않았다. 내 가슴에 자신감과 용기를 가득 채운 감사한 시간이었다. 졸업식 때 얼마나 울었는지 지금도 생생하다.

얼마 전 앨범 정리를 하면서 고등학교 때 수학여행에서 찍은 사진을 한 장씩 보면서 미소가 저절로 번졌다. 임진왜란 때 논개가 왜장을 끌어안고 떨어졌다는 진주성 촉석루 옆에서 친구와 나란히 앉아 찍은 사진이다. 부드러운 바람에 머리칼을 살짝 날리며 웃고 있는 그때의 모습이 사랑스럽다. 선생님이 아니었으면 학창 시절 수학여행이 무엇인지도 모르고 넘어갔을 것이다. 선생님이 보고 싶어졌다.

고등학교 2학년, 야간 자습을 마치고 교문을 나서면 기다렸다는 듯 아카시아꽃향기가 나를 반겼다. 얼마나 향기로운지 온 세상을 채우고도 남을 기세다. 교문을 쏟아져 나오며 재잘거리는 학생들로 시끌벅적했다. 까만 밤하늘에 반짝이는 별과 그윽한 아카시아꽃향기, 낯익은 친구들의 목소리에 행복했다.

단연 수학여행 이야기가 화제였다. 무엇을 입고 갈 건지, 용돈은 얼마 가져갈 건지에 대해 재잘거리며 다들 행복에 빠졌다. 나와는 상관없는 이야기였다. 애써 아무렇지 않은 척, 관심 없는 척하며 외톨이가 되었다. 남의 식당에서 새벽부터 일하는 엄마의 수입으로 우리 가족이 살기 때문이다. 집안 사정이 어렵다는 것을 뻔히 알기 때문에 초등학교나 중학교나 수학여행은 아예 꿈도 꾸지 않았다. 이제는 익숙해진 일이었다. 괜히 엄마의 마음을 아프게 할까 봐 가고 싶다는 말도 입 밖에 내지 못하고 아무렇지 않은 척했다.

수학여행이 며칠 남지 않았다. 나도 가슴이 부풀어 올랐다. 중학교 때 세계사를 가르치셨던 선생님이 나에게 평생 잊지 못할 선물을 주셨기 때문이었다. 저녁에 엄마가 봉투를 하나 꺼냈다. 선생님이 엄마가 일하는 식당을 다녀갔다고 했다. 봉투에 5만 원과 예쁜 양말과 도시락을 주고 가셨다고 말했다.

"성남아, 학창 시절의 아름다운 추억을 잃어버리지 않기를 바란다." 편지도 들어있었다. 나를 보면 언제나 환하게 웃으며 "성남아" 하고 불러주시는 선생님 얼굴이 떠올랐다. 눈물을 감출 수 없었다. 한때 선생님 기대에 미치지 못해 죄송하다는 생각에 연락을 끊고 지낸 시간도 있었다. 10년쯤 지났을 때 우연히 친구를 통해 선생님을 다시 만났다.

다시 만났을 때 선생님께서는 내가 보험회사에 다닌다는 말을 듣고 30만 원으로 가입할 상품을 추천해 달라고 하시며 그 자리에서 바로 가입하셨다. 20년 가까이 보험 일을 했지만 이렇게 믿고 무조건 가입해 준 고객은 선생님뿐이었다. 가족들한테도 이 상품이 왜 필요한지를 구구절절 설명하고 권유했는데 전적으로 믿어주는 선생님이 정말 감사했다.

선생님은 내가 공부를 잘할 때든, 게을리할 때든, 문학 동우

회 활동을 할 때나, 대학 시험에 떨어졌을 때나 학생운동을 한다고 다닐 때나 언제나 나의 선생님이었다. 이혼했을 때든, 딸 사춘기로 힘들어할 때든, 하나님을 만났을 때든, 재혼할 때든 항상 든든한 천군만마였다. 언제나 사랑이 가득한 얼굴로 환하게 웃으며 "성남아" 하고 불러주었다.

중학교 2학년, 시골에서 막 전학 온 나는 선생님 세계사 수업을 들으며 사랑에 빠졌다. 선생님이 들려주는 세계사의 사건들은 나를 타임머신을 타고 그곳으로 빨려 들어가게 했다. 마치 내가 역사 속에 등장하는 주인공인 양 상상했다. 백년전쟁과 잔다르크의 이야기를 들려주면 나는 이미 잔다르크가 되어 있었다. 선생님이 내게 동생이었으면 좋겠다고 했을 때 세상을 다 얻은 기분이었다. 학기마다 다른 과목까지 선생님들께 부탁해 자습서와 문제집을 구해주었다. 결혼 후 학교를 그만둔 상황이었음에도 내게 수학여행의 추억을 선물해 주었다. 학창 시절 수학여행이 무엇인지도 모르고 넘어갈 뻔했던 내게 배를 타고 한산도와 아름다운 바다 위의 남해대교, 백사장 모래밭을 거닐던 광안리해수욕장은 얼마나 큰 선물이었는지 모른다. 아직도 그 순간들이 꿈만 같았다.

명절에 찾아뵈면 선생님은 꼭 봉투에 세뱃돈을 준비해두었다가 주셨다. 선생님께 '어린 시절 기억쓰기'에 관한 책을 쓸 계획을 미리 말씀드렸다. "덕분에 내가 유명해지겠다." 환한 미소로 무한한 지지와 격려를 보내주었다. 선생님의 마음은 끝이 없다.

영주만 생각하면 선생님이 있어 가슴이 두근거린다. 지금도 나는 선생님의 끝없는 관심과 사랑을 먹고 자라고 있다.

∴

셋째 여동생은 정말 예뻤다. 하얀 얼굴에 까만 눈이 아직도 생생하다. 태어난 지 백일이 못 되어 갑자기 아팠다. 잠을 자다가 아기가 우는소리에 몇 번이나 눈을 떴다. 아버지와 엄마는 밤새 번갈아 우는 동생을 안고 중얼거리며 방안을 왔다 갔다 했다. 학교 갈 준비를 할 때 밤새 울던 동생이 갑자기 울음을 뚝 그쳤다. 얼른 부엌에 있는 엄마에게 전했다.

"엄마 아기가 이제 안 울어."

다시 방에 들어왔는데 아버지가 안고 있던 동생을 윗목에 내려놓았다. 심상치 않은 분위기였다. 남동생은 옆에 오지 못하게 막았다. 물어보고 싶었지만, 분위기만 살피고 입 밖에 꺼내지 못했다. 이상한 예감만 간직한 채 학교에 갔다.

학교에서도 종일 동생 생각뿐이었다. 내내 마음이 불안했다. 학교를 마치고 산길을 뛰다시피 집으로 향했다. 제발 아무 일도 아니기를 바랐다. 집에는 아무도 없었다. 아기를 덮어주었던 이불도 흔적이 없었다. 그 후로는 누구에게도, 그 동생을 물어볼 수 없었다. 죽음이란 단어를 꺼내기 두려웠고 엄마의 슬픔을 깨우치기 싫었던 것 같다. 그때부터 엄마는 귀에 이명이 나타나고 소리를 잘 듣지 못하는 증세가 나타났다.

일찌감치 죽음을 알아버린 나는 애어른처럼 변해갔다. 그 시절의 내게 편지를 썼다.

동생의 죽음을 지켜보며 마음 아팠지? 지금도 눈물이 뚝뚝 떨어지는구나. 얼마나 슬프고 두려웠니? 마음껏 울고 슬퍼하렴. 정말 예쁜 동생이었지. 얼굴은 하얗고 크고 까만 눈은 별처럼 빛났어. 누구나 한 번 보면 잊지 못할 만큼 예쁘다고 다들 말했잖니. 너는 집으로 오는 길에 누구에게 말도 못 하고 혼자 눈물로 슬픔을 삼켰지. 그 후 너는 성격이 바뀐 것 같아. 명랑하고 철없던 네가 애 어른이 되어버렸지. 친구들이 장난치고 노는 것이 한심스레 보이기 시작했지. 함께 어울리지 못하고 그저 관찰자가 되어버렸어. 말수가 줄어들고 어떤 순간도 즐거워하면 안 될 것만 같았지. 너는 누구하고도 슬픔을 나누지 못했구나. 슬픔을 나누면 반으로 줄어든다고 하는데 너는 슬픔은 입 밖으로 꺼내면 안 되는 줄 알았지. 아직 어린 네가 혼자서 다 감당하려고 했잖니. 동생을 떠나보내지 못하고 마음 한구석에 데리고 살았던 것 같아. 기쁨을 마음껏 누리지 못하고 언제 찾아올지 모를 슬픔을 늘 먼저 생각하는 습관도 생겼지. 아, 마음 아프구나.

성남아, 네 행복과 동생의 죽음은 별개란다. 동생의 죽음은 누구의 잘못도 아니야. 동생을 위해 충분히 슬퍼했잖니. 이제 네 마음속 깊이 가둬 둔 동생을 잘 떠나보내렴. 네가 슬픔을 이기고 견뎌온 시간은 지금까지 어떤 어려움도 잘 이겨낼 힘을 주었고 삶의 단단한 뿌리가 되었는지도 몰라. 세상을 향해 아픈 네 상처를 보이고 치유해 가는 과정을 드러낼 수 있는 용기가 될 거야. 아름다운 별, 멋진 꽃으로 변할 크고 작은 상처야, 고맙다.

∴

큰엄마의 사랑은 작은 호수 같았다. 나는 그 호수를 마음껏 헤엄치는 오리였다. 남들은 잘 이해하기 힘들었지만 우리는 친딸, 친엄마보다 친밀했다. 큰엄마가 살아온 이야기보따리는 외우고도 남을 정도였다. 나는 이야기를 듣는 내내 큰엄마와 하나가 되었다. 어느새 큰엄마의 이야기는 내 이야기처럼 하나씩 가슴에 새겨졌다. 큰엄마는 놀러 다닐 때도 어린 나를 데리고 다녔고 맛있는 것은 내 차지였다. 한밤중에 과자가 먹고 싶다면 가게 문을 두드려서라도 사주거나 직접 만들어주기도 했다. 큰엄마 품에 안겨 가슴을 만지고 잠들었다. 세상을 떠나기 전까지도 나만 보면 이야기꽃을 피웠다.

여섯 살쯤이었을까? 아침에 아버지가 나가실 때만 되면 미리 자전거에 매달려 있었다. 큰엄마 집에 놀러 가기 위해서였다. 저녁에 퇴근길에 아버지 자전거를 타고 집으로 돌아오는데 집에 가기 싫다고 떼를 써 한동안 큰엄마 집에서 지냈다.

아이를 집에 데려다주라는 말을 들은 언니는 시장 구경 가자며 나를 데리고 갔다. 한참 걸어 시장을 지나자 우리 집으로 가는 길로 향했다. 갈림길에서 나는 가지 않겠다고 떼를 쓰고, 언니는 내 팔을 잡아당겼다. 울면서 고집을 부리고 버티는 바람에 그만 팔이 빠져버렸다. 언니는 넘어갈 듯 우는 나를 업고 뛰어가 아버지를 찾았다. 결국, 아버지가 팔을 제자리에 끼워주셨고 한참 울고불고 난리를 친 후 좋아하는 껌 한 통을 들고 큰엄마 품에 안겨 잠들었었다. 큰엄마와 언니는 영주에 남고 아버지와 엄마, 나와 동생만 산골 마을로 이사 오고 맞는 여덟 살 첫여름이었다. 큰엄마가 처음으로 산골 마을을 찾아왔을 때가 생생하다.

그날 나는 빨간 땡땡이 치마를 입고 잠자리를 쫓아다니고 있있는데 저만치서 큰엄마가 나를 불렀다. 재빨리 달려가 품에 안겼다. 큰엄마는 얼굴이 새까맣게 그을리고 꼬질꼬질 때가 묻은 옷에 살까지 쏙 빠져 촌 아이가 된 나를 보자마자 울었다. 큰엄마는 밤새 아버지와 이야기를 주고받다가 또 울었다. 아버지와 떨어져 언니를 키우며 힘들고 서글픈 일들을 하소연했다. 아버지를 향한 원망이 가득 찼지만 고생하는 모습을 보니 눈물이 더 쏟아졌던 것 같다. 아버지가 좋아하는 떡을 머리에 이고 먼 산길을 왔던 큰엄마였다. 큰엄마가 다녀간 후 나는 한동안 아팠다. 아버지는 큰엄마가 애를 안고 울어서 그렇다며 중얼거렸다.

 큰엄마는 평생 해바라기처럼 아버지를 멀리서 바라보다 눈을 감았다. 일편단심 아버지가 영원한 남편이었다. 큰엄마는 아버지에 대한 사랑을 내게 대신 표현한 것은 아니었을까? 어떤 이유였든지 큰엄마와 나는 서로 공존하는 유기체 같았다. 서로 마음의 보금자리를 공유하며 위로를 받았다.

 결혼생활을 경험해 본 후 두 분이 인간 본성의 가장 심각한 갈등 구조에서 살았다는 것을 뒤늦게 알았다. 고통과 인내의 세월을 감수해온 두 분 덕에 나는 두 어머니를 얻었다. 큰엄마는 40대 초반이었고 엄마는 30대 초반이었다. 부인할 수 없는 갈등 관계에서 징검다리 역할이 내 책임이라 생각했다. 내 역할을 잘한다면 내 존재는 충분히 가치 있으리라 믿었다.

고요한 밤, 큰 엄마에게 편지를 썼다.

큰엄마, 제 목소리가 들리세요? 그날이 생각납니다. 장의사가 큰엄마를 염한 후 입관 전에 가족들에게 마지막으로 만날 시간을 주었지요. 그때 큰엄마의 둥근 이마와 볼을 만져보았어요. 돌아가신 지 이틀째였지만 어릴 때부터 만지고 비비던 얼굴과 똑같은 느낌이었어요. 그 감촉이 지금도 잊히지 않아요. 얼굴에 하얗게 분을 바르고 주름진 얼굴도 솜을 넣어 팽팽하게 펴주고 단아한 모시 한복을 차례차례 다 입힌 큰엄마 모습이 마치 왕가의 여인 같았어요.

떠나버린 아버지를 40년간 마음에 간직하고 사시느라 많이 힘드셨죠? 이제 양지바른 고향에서 나란히 누워 계시네요. 어릴 때 큰엄마는 참 많은 사랑을 주셨지요. 환영받지 못한 딸로 태어나 내 자리가 어디인지 몰라 불안할 때 큰엄마는 든든한 방패였어요.

당신은 훌륭한 이야기꾼이었죠. 이야기에 푹 빠져 있노라면 TV 문학관을 보는 것만큼 재미있었어요. 덕분에 집중하면서 다른 사람 이야기에 귀 기울이며 공감하는 훈련할 수 있었답니다. 사랑하는 마음을 드러내 표현할 수 있는 능력과 윗사람들과 좋은 관계를 이어갈 힘을 주었답니다. 가장 큰 선물은 뭐니 뭐니 해도 좋은 언니들이지요. 장녀라는 무게가 어깨를 눌렀는데 언니를 만날 때마다 얼마나 든든한지 몰라요. 큰엄마, 사랑합니다.

  딸이 사춘기 때 강아지가 있으면 도움이 되지 않을까 하여 강아지를 데려와 '사랑이'란 이름을 지어주었다. 본래 강아지를 좋아하지 않던 내가 사랑이를 좋아하게 되었다.

  딸이 가출해 넋을 놓고 있을 때 사랑이가 내 무릎에 앉아 나를 애처롭게 쳐다보았다. 슬픈 내 마음을 아는지 촉촉한 눈을 보이는 강아지를 꼭 안지 않을 수 없었다. 많은 위로를 받았다.

  큰엄마에게 나도 그런 존재였을지 모른다. 아무것도 모르는 어린 아기가 늘 큰엄마의 무릎을 차지하고 앉았고, 졸졸 따라다니며 방긋방긋 웃는 모습에 위로를 받지 않았을까? 텅 빈 마음을 대신할 수 없겠지만, 작은 웃음을 주지는 않았을까?

  지금도 언니는 가끔 얘기한다. 내가 맛있는 것을 먹고 있을 때 언니가 먹고 싶어 손을 대면 손등을 찰싹 맞았다고. 자신이 주워온 딸인 줄 알았다며 웃는다. 큰엄마는 나에게 크고 따뜻한 사랑의 보금자리임이 틀림없었다.

∴ 엄마의 눈물 바다

 기찻길 옆 동네에서 여섯 식구가 살았던 단칸방을 꼭 가보고 싶었다. 중학교 2학년 때 산골 마을에서 영주로 이사를 와 고등학교 때까지 살던 집이다. 큰길에서 골목길로 가는 모퉁이를 돌면 우리가 살던 집이었다.

 길모퉁이에서 나는 꽁꽁 얼어붙어 꼼짝할 수가 없었다. 아침 일찍 학교에 가는데 아버지는 외출하다 말고 집으로 돌아오고 있었다. 길모퉁이에서 아버지와 마주친 여고생은 무시하고 쌩 지나갔다. 아버지 뒷모습이 보였다. 아버지는 어린 자식들을 키우기 위해 회갑이 훨씬 넘어 공사현장의 잡부로 일했다. 무슨 일인지 현장에서 되돌아오던 길이었다. 다 큰딸은 삼개월째 아버지와 눈도 마주치지 않고, 말도 하지 않더니, 길거리에서 마주친 아버지를 외면해버렸다.

비가 내리는 토요일이었다. 친구와 놀다가 조금 늦었다. 아버지는 나를 보자마자 화를 내며 큰소리로 야단을 쳤다. 순간 나도 큰소리로 대꾸하며 대들었다. 화가 난 아버지는 나를 마구 때리고 지난날의 잘못도 모조리 끄집어냈다. 나도 질세라 그동안 쌓였던 불만을 모두 토로했다. "아버지가 태어나자마자 할머니도 돌아가시고, 결혼도 세 번이나 하고, 아들딸이 네 명이나 죽었잖아요! 모두 지은 죄가 크기 때문이에요."

"넌 더 이상 내 딸이 아니다. 원수를 갚으러 태어났지!" 아버지는 이성을 잃고 나를 때리다가 밟기까지 했다. 나는 때리는 대로 다 맞았다. 그대로 맞는 것이 내가 할 수 있는 최고의 반항이고, 항변이었다. 엄마는 울며불며 아버지를 말리다가 나에게는 엄마를 봐서라도 잘못했다고 빌라고 했다. 이미 아버지도 나도 더는 멈출 수 없는 상황이었다. 아버지 가슴에 비수를 꽂는 말을 마구 뱉으며 끝까지 굽히지 않았다. 이미 주워 담을 수 없었다. 활시위를 떠난 화살이 적을 관통하듯 서로 가슴을 갈기갈기 찢어놓았다. 아버지는 점점 더 이성을 잃고 내 옷을 벗겨 속옷 바람으로 방 밖으로 내쫓았다. 비가 오는 집 입구 헛간에서 떨며 울었다. 그 후 나는 아버지와 좁은 단칸방에 살면서도 말 한마디 하지 않았다. 길거리에서 아버지를 외면한 것도 당연했다. 그런데 왜 그 장면이 정지된 영화의 한 컷처럼 뚜렷이 기억에 남아있을까?

고등학교 때 브라질 작가 J. M. 데 바스콘셀로스가 쓴 『나의 라임 오렌지 나무』를 무척 좋아했다. 어린 주인공 제제는 매 맞는 일이 일상이었다. 심각한 아동학대 수준이었다. 나는 가엾은 제제의 마음에 공감하며 위로를 주고받았다. 제제는 마음으로 아버지를 죽였다고 했다. 불쌍한 제제가 꼭 나처럼 느껴졌다. 아버지로부터 어떤 사랑이나 기대를 더는 갖지 않기로 했다. 제제처럼 나도 아버지를 마음에서 지워버렸다.

말썽꾸러기 제제는 사고를 쳐도 사랑으로 자신을 이해하고 보살펴주는 뽀르뚜가 아저씨를 좋아했다. 아저씨와 비밀 친구가 되고 사랑을 주고받는 것이 무엇인지 알아가기 시작했다. 제제는 아저씨의 아들이 되고 싶다고 했다. 제제가 정말 바랐던 것은 아버지가 뽀르뚜가 아저씨처럼 자신을 이해해주고 사랑해주기를 원했던 게 아닐까? 아버지에 대한 내 마음이었다.

정신을 차리고 보니 우리가 살던 집은 간데없고 노인회관이 버젓이 자리 잡고 있었다. 여전히 아버지가 자전거를 타고 골목을 돌아올 것만 같았다. 노인회관은 우리 이야기를 아는지 모르는지 자리를 지키고 있었다.

∴

자녀를 양육하는 태도 또한 부모의 방식을 그대로 닮기 마련이다. 종종 딸들을 대하는 내 모습에서 아버지의 모습을 느꼈다. 특히 화를 내고 야단을 칠 때 심했다. '나는 우리 부모처럼 하지 않을 거야. 아이들에게 나 같은 어려움을 겪지 않겠어.'라고 결심했지만 쉽지 않았다. 드러난 행동은 아버지와 반대로 하곤 했지만, 내면을 살펴보면 밑바닥에 깔린 생각의 뿌리는 조금도 다르지 않았다. 부모로부터 보고 듣고 경험하며 체득한 것이 삶의 가치관으로 모두 흘러들어왔다.

아버지의 삶은 순탄하지 않았다. 태어난 지 나흘째 친모를 잃었다. 동네 아줌마들의 젖을 얻어먹고 백설기를 말려 가루로 곱게 빻아서 끓여 만든 미음을 먹고 자랐다고 했다. 혹시 잘못되지나 않을까 걱정하며 할아버지와 새 할머니는 매우 귀하게 키웠다는 말을 친척들에게 들었다. 주위에서 아무리 잘 챙겨주어도 본능적으로 아버지는 생존에 대한 두려움 가운데 자랐을 것이다. 그래서 아버지는 자녀 중 누가 아프다고 하면 안절부절못하고 밤새 안아주고 사방으로 약을 구하러 다니곤 했다.

아버지는 제2차 세계대전 당시 징병으로 만주로, 일본으로 참전했고 6·25 전쟁 때도 참전했다. 전쟁의 위험은 사라졌지만, 집안은 편하지 않았다. 세 번의 결혼, 12명의 자녀를 낳아 네 명을 병으로 잃고 1남 7녀를 남겼다. 죽지 않고 버텨온 90년의 험난한 세월이었다.

아버지는 아들 둘을 잃고 52세에 뒤늦게 아들을 낳았다. "아들을 고등학교나 졸업시키고 죽을 수 있을까?" 늘 걱정을 입에 달고 살았다. 늦둥이 아들을 보는 마음은 어렸을 때 자신의 모습을 보는 듯한 마음이 아니었을까? 남동생이 울기만 하면 누구의 잘잘못과 관계없이 내가 종종 매를 맞아야 했다. 아버지 사랑을 남동생에게 다 빼앗겼다고 생각하던 나는 매사 무조건 남동생 편만 드는 아버지를 얼마나 미워했던가! 아들과 딸을 차별한다며 불만을 토했다. 남아선호 사상에 치를 떨었다.

아버지는 뒤늦게 낳은 우리 4남매를 키우기 바빠 큰엄마와 언니들에게 도움을 주지 못했다. 현실적으로는 분명 무책임한 남편이고, 무능력한 아버지였다. 나는 그런 아버지가 원망스러웠다. 모든 불행을 아버지 탓으로 돌렸다.

사춘기 시절 아버지와 말다툼하던 날 나도 모르게 내 입에서

2부 떠남, 기억의 숲으로

큰엄마와 관련한 말들을 마구 쏟아냈다. 큰엄마와 언니들을 대신해 아버지 가슴에 상처를 주고 싶었다. 심하게 매를 맞고 다시 상처 주는 말을 반복하며 악순환을 되풀이 했다.

아버지와 부딪힐 때마다 큰엄마의 관점에서 원망하고 비판하며 불만을 그대로 쏟아냈다. 가족을 위해 희생하고 고생하는 엄마의 불만까지 대신하면서 나는 아버지와 점점 더 적대적인 관계로 변했다. 때로는 아버지가 원수처럼 느껴지기도 했다. 마치 내가 정의의 사도처럼 아버지의 잘못을 심판하며 비난을 퍼부었다.

아버지와 힘들었던 관계는 집을 나와 독립하면서 점차 좋아졌지만 온전한 회복은 아니었다. 그저 부모에 대한 자식의 도리였다. 연로해 가는 아버지 모습은 더 이상 적대적 위치가 아니었다. 연민도 생겼다. 존중과 사랑은 아니었다. 어린 시절 기억 쓰기를 하면서 오해가 많이 풀렸다. 아버지를 조금씩 이해하기 시작했다.

∵

"엄마 연세가 몇이지?" 생일 케이크 촛불을 후 불던 엄마를 보며 물었다. 옆에서 동생이 말했다.

"84번째 생신이네."

대수술도 몇 차례나 했고, 매일 챙겨야 하는 약은 한 웅큼이다. 시장을 다니고 혼자 살림을 살 만큼 건강하니 감사하다. 엄마 침대 옆 책꽂이에는 한글 공부를 위한 책과 노트, 퍼즐 맞추기 세트가 정리되어 있다. 조카들이 하던 퍼즐을 심심하다고 시작했는데 어느새 퍼즐 박사로 변했다. 돋보기를 쓰고 복잡한 퍼즐을 척척 제자리에 갖다 놓고 맞추는 모습이 보기 좋다.

"엄마, 죽으면 안 돼"

초등학교 4학년 겨울, 산골 마을에서 막내 동생이 태어날 때였다. 40세 중반이었던 엄마는 허약한 몸으로 막내를 낳다가 생사의 갈림길에 섰다. 아버지가 약국에 뛰어가 순산을 돕는 약을 사 오라고 했다. 정신없이 산길을 달렸다. 약을 사서 가파른 오르막 산길을 있는 힘을 다해 뛰다 걷다를 반복했다.

지난해에 죽었던 어린 동생 얼굴이 자꾸 떠올랐다. 혹시 엄마가 잘못될까 하는 두려움에 눈물 흘릴 겨를도 없었다. 얼마나 뛰었는지 모른다. 등하교 때와는 비교할 수 없는 속도로 달렸는데도 왕복 세 시간이 걸렸다. 한꺼번에 두 봉지 약을 다 털어 넣은 엄마는 이웃집에서 가져온 생달걀 세 개를 먹고 동생을 낳았다. 조금만 늦었어도 엄마는 죽었다고 아버지는 말했다.

애간장이 다 녹아내리는 것 같았다. 내 마음도 엄마와 같이 생사의 갈림길에 있었다.

"응애응애" 우는 아기 소리를 들으며 엄마가 살아서 얼마나 고맙고 행복했는지 몰랐다. 불을 지펴 미역국을 끓였다. 아궁이에서 내뿜는 연기에 눈물이 쏟아졌다. 죽은 동생으로 인한 충격으로 몸과 마음이 약해질 대로 약해진 데다 진통과 하혈을 10일 이상 계속하는 바람에 동네 사람들은 다들 엄마가 죽을지 모른다고 생각했다. 엄마와 동생이 무사한 것은 기적이었다.

유튜브에서 막냇동생을 낳던 시기의 일기 낭독을 올린 다음이었다. 엄마가 나를 보자마자 말했다. "네가 사 온 약을 먹고 내가 살았다. 그때는 차라리 내가 죽으면 온 가족이 고생하지 않을 건데 싶었다. 고맙다."

"엄마, 그때 죽을 고비 다 넘겼으니 건강하게 오래오래 사세요." 엄마의 말에 눈물이 핑 돌아 겨우 말했다.

"얼마나 두렵고 무서웠니?" 혼자 무섭고 두려운 마음에도 눈물을 꾹꾹 삼키며 그 먼 산길에 오르막조차 뛰다가 걷다가 반복하며 정신없이 뛰었던 기억이 생생하다. "얼마나 가슴 졸였니? 네가 감당하기에 벅찼구나."

꿈속에서라도 엄마가 없는 세상은 생각하고 싶지 않았다. 상상하는 것만으로도 끔찍한 공포였다. "엄마가 죽을까 봐 얼마나 무서웠는지 몰라요." 엄마 품에 안겨 이렇게 말하고 싶었다. 그때부터였던 것 같다. 어린 나는 딸이기보다 엄마의 보호자 심정으로 살았다. 엄마가 걱정할 것 같은 일이나 마음이 아플 일은 아예 입 밖에 내지 않았다. 엄마가 아플까 봐 늘 걱정을 했다. 혹시 무슨 잘못을 했더라도 엄마가 마음 아플까 봐 금방 후회했다. 어려운 문제가 생겨도 표현하지 못하고 혼자 알아서 해결했다.

∴

가장 희미한 기억 중의 하나다. 아마 네다섯 살 때쯤 이야기 같다. 엄마는 종종 철농 속에 간직해 놓은 뭔가를 꺼내 한참 동안 보고 다시 고이 넣곤 했다. 슬퍼 보였다. 한글을 배우고 나서야 엄마가 소중하게 여기던 것이 무엇인지 알았다. 철농 안에 고이 간직해둔 것은 혜경 언니가 엄마와 함께 살 때 받은 초등학교 1학년 통지표였다. 거의 '수, 수'였다. 언니는 엄마와 이혼한 남편 딸이다. 글을 모르는 엄마에게 통지표 내용은 중요하지 않았다. 엄마에게 남아있는 언니의 유일한 흔적이기 때문에 통지표를 꺼내 보며 눈물로 아픈 마음을 달랬다. 내가 딸로 태어난 바람에 엄마와 언니는 생이별했다.

엄마의 삶은 평탄하지 못했다. 어린 나이에 부모님을 여의었다. 나이 차이가 많은 오빠가 아버지 역할을 대신했다. 엄마는 어린 시절 조카들을 키우며 대가족 집안 살림을 도왔다. 막걸리를 좋아하던 외삼촌 때문에 엄마는 우물물을 길어 막걸리가 떨어질 날 없이 만들었다고 했다. 외삼촌은 학교를 보내주겠다는 약속을 매년 지키지 않았다. 엄마는 글을 배우지 못하고 열아홉 살에 시집을 갔다. 결혼 후 곧 군대에 간 남편은 다른 여자를 만나 이혼을 요구했다. 엄마가 반대하자 남편은 글 모르는 엄마를 탓하면서 '벽하고 얘기하는 게 낫다' 하는 비수 같은 말과 딸을 남기고 떠났다.

엄마는 혼자 딸을 키우며 어렵게 살다가 아버지를 만났다. 중매가 종종 들어왔으나 또 글을 모른다는 이유로 무시당하고, 버림받을까 봐 두려워 아예 포기하고 살았다고 했다. '열세 살이나 많으니까 글 모른다고 무시하지 않겠지.' 하고 생각했다고 엄마는 아버지를 만난 사연을 얘기해 주었다.

나는 엄마와 진지한 이야기를 하지 못했다. 무슨 말만 꺼내려 해도 눈물이 앞을 가렸다. 그래서 꼭 필요한 얘기나 일상적인 얘기밖에 나누지 않았다. 조금이라도 감정이 섞인 얘깃거리가 나오면 말을 제대로 이어갈 수 없었다. 엄마와 수다를 잘 떠는 동생이 부러웠다. 엄마를 떠올리면 내 가슴속에 책임감과 죄책감이란 두 단어가 바위처럼 무겁게 눌렀다.

4학년 때였다. 혜경 언니가 산골 우리 집을 찾아왔다. 이모한테 물어 내가 다니는 초등학교를 찾아와서 함께 산길을 걸어 집으로 갔다. 언니는 스무 살이었다. 언니는 엄마를 보자마자 울기 시작해 밤새도록 울었다. 아무것도 먹지 않은 채 언니는 다음 날 아침 나와 함께 산길을 걸어 돌아갈 때까지도 울었다. 초등학교 1학년 때 헤어진 엄마를 12년 만에 만난 것이다. 언니는 엄마가 아직도 갓난아기를 키우며 산골에서 고생하는 것을 보고 더 슬프게 울었던 것 같다. 언니는 서울에서 양장점 일을 배운다며 엄마를 위해 빨간 내의를 소포로 보내오고 안부 편지도 몇 번 주고받았다. 그러나 얼마 지나지 않아 언니 편지는 오지 않았다.

'딸을 보내고 만날 수 없는 엄마의 마음은 얼마나 아팠을까? 엄마와 헤어진 언니의 마음은 얼마나 슬펐을까?' 나 때문에 엄마와 언니가 생이별했다는 죄책감이 나를 집어삼킬 듯 따라다녔다. 엄마가 돌아가시기 전에 꼭 언니를 만나게 해주고 싶다는 생각이 간절했다. 엄마의 가슴 아픈 상처를 아물게 해주고 싶은 마음도 컸지만, 죄책감을 어깨에서 내려놓고 싶은 마음도 있었다. 몇 년 전 엄마와 함께 동사무소를 찾아가 언니의 주소를 확인했다. 언니에게 내 마음을 알리는 편지를 써서 등기로 보내고 연락을 기다렸다. 엄마도 표현은 하지 않았지만, 연락이 오기를 많이 기다리는 눈치였다. 연락은 오지 않았다. 벌써 몇 년이 흘렀다.

∴

집안 형편에 고등학교를 다니는 것만도 다행으로 생각해야 할 시기였다. 장학생이라 등록금은 안 냈지만, 용돈이라도 벌 생각을 할 만큼 철이 들지 않았다. 엄마 혼자 식당 일을 하고 집안일까지 다 하며 내 뒷바라지를 해주었다. 내가 책을 들고 있으면 아무것도 시키지 않았다. 어릴 때 고생을 많이 했다고 빨래나 설거지조차 시키지 않았다. 당시 엄마가 지금의 내 나이였다. 엄마는 내 아래로 16살, 13살, 10살 동생을 키워야 했다. 아버지는 60대 중반에 건강도 좋지 않은 노인네였다. 엄마는 해장국 식당에서 2교대로 일해 가족을 먹여 살렸다. 아무도 집안일을 도울 생각조차 못 했다. 돈이 필요하면 늘 엄마가 일하는 식당을 찾아갔고 엄마는 항상 돈을 내밀었다.

원하는 대학에 가지 못했다. 아버지의 반대를 무릅쓰고 간호전문대에 입학했다. 장학금을 반밖에 받지 못했는데 엄마가 식당에서 매일 천 원씩 적금 부은 돈으로 등록금을 마련해 주었다. 간호과 공부는 흥미가 없었다. 전교조나 농민운동, 노동운동, 남북통일 등 사회적 이슈에 내 가슴은 술렁거렸다.

5월이었다. 운동장에서 여러 가지 정치적 이슈를 두고 집회가 열렸다. 학생들이 모여 민중가요를 부르고 있었다. 학생 한 명이 온몸에 불이 붙은 채로 달려왔다. 쓰러지기 직전까지 구호를 외쳤다. 학생회 간부 중 한 명이었는데 결국 생명을 잃었다. 끓어오르는 감정을 주체할 수 없었다. 그 학생이 분신할 수밖에 없는 현실을 고발하며 절규했다.

학생운동을 하며 3년을 보냈다. 간호사 국가고시에 떨어지고 계속 학생운동을 하려고 집을 떠났다. 이제 병원에 취직하면 형편이 좀 나아지리라 기대하던 가족을 등지고 결단을 내렸다. 엄마의 희망을 깨뜨리며 집을 떠나려니 너무 힘들었다. 취직하러 간다는 거짓말을 하고 옷을 챙겨 집을 나오는데 눈물이 하염없이 흘렀다. 엄마를 절망 속에 빠뜨린 사건이었다.

엄마는 아픈 몸을 이끌고 식당 일을 계속했다. 뚝배기를 담은 쟁반을 머리에 이고 배달을 하다 계단에서 굴러떨어졌다. 이 일로 인해 허리 디스크가 점점 심해졌다. 도저히 일을 못 할 때까지 버티다가 그만두었는데 집안일조차 힘든 상황이었다. 아버지는 조금이라도 벌기 위해 곳곳을 다니며 화장지를 팔았다.

나는 부모님과 동생들 기대를 저버렸다. 엄마가 내게 느낀 배신감과 절망감은 하늘이 무너진 것과 같았을 것이다. 엄마는 눈물과 걱정과 원망으로 하루하루 보냈다. 부모님을 생각하면 매일 눈물이 났지만 나는 사회운동을 포기하지 않았다.

일 년 반 세월이 흐른 다음 집을 찾았다. 엄마에 대한 죄책감은 이루 말할 수 없었다. 엄마 생각만 해도 눈물이 글썽거려 엄마 앞에서 무슨 말을 제대로 하지 못했다. 그 뒤 조금이라도 진지한 얘기는 피했다. 엄마는 표현은 하지 않지만 나 때문에 생긴 상처가 엄마 가슴 밑바닥에 퇴적암처럼 굳은 것 같았다. 제대로 용서를 구하고, 가슴속에 묻어둔 엄마의 이야기도 실컷 들을 기회를 노리고 있다. 엄마와 나의 눈물 바다를 건너야겠다며 마음 먹었지만 아직 용기를 내지 못했다.

아픔은 헤아릴 수 없다
그래도
눈이 쏟아지면 눈과 친구하고
세찬 바람이 불어오면
나무와 같이 흔들리며 다녔다

4장

최후의 나, 최초의 악수

나는 나에게 작은 손을 내밀어

눈물과 위안으로 잡은 최초의 악수

윤동주, 「쉽게 씌여진 시」

어린 시절 기억쓰기를 만나다

누군가가 내 삶을 높은 곳에서 내려다보거나 긴 시간을 축소해서 인생을 한눈에 볼 수 있다면 어떨까? 존 고든의 『씨드』에는 옥수수밭 미로에서 헤매는 주인공 조시가 나온다. 길을 잃고 불안해하던 조시는 한 농부를 만나 길을 묻는다. 농부는 대답 대신 인생의 목적이 무엇이냐는 질문을 던지며 대화를 이어간다. 인생의 목적을 알면 잃어버린 길을 찾을 수 있다는 말과 함께 농부는 씨앗 하나를 건네고 사라졌다.

조시는 경비행기를 타고 하늘에서 옥수수밭 미로를 내려다

본다. 길을 잃고 헤매던 미로가 한 눈에 드러났다. 씨앗을 어디에 심을지를 아는 것이 곧 인생의 목적을 하는 길이라는 농부의 말을 되새기며 여행을 떠났다. 씨앗을 심을 곳을 찾기 위해 그는 과거 추억이 숨 쉬는 곳을 하나씩 찾아갔다.

 사방을 분간할 수 없는 삶의 터널에서 발버둥 칠 때 지푸라기라도 잡고 싶었다. 내 인생도 옥수수밭 미로를 하늘에서 내려다볼 때처럼 한눈에 보고 싶은 마음이 간절했다. 누구든지 내가 가야 할 길을 알려만 준다면 무엇이든 시키는 대로 하고 싶었다.

 10년 전, 둘째 딸의 사춘기 방황을 걷잡을 수 없을 때였다. 혼자 이리저리 발버둥 치다 내 힘으로 아무것도 할 수 없다는 것을 깨달았을 때 나는 하나님을 만났다. 먹구름으로 뒤덮인 마음에 한 줄기 빛이었다. 겉으로 드러난 현실이 내 삶의 전부인 양 불안하던 마음이 조금씩 안정을 찾기 시작했다. 하나님은 한순간도 나를 떠나지 않았고, 언제나 사랑의 눈으로 나를 바라보며 함께한다는 말에 믿음이 생겼다. 하나님을 전적으로 믿고 매달렸다. 딸의 문제는 이제 숨을 돌릴만하다고 안도하면 다시 나를 절망 속으로 밀어 넣곤 했다. 시간이 지나도 딸은 변함이 없었다. 하나님을 믿기만 하면 문제가 곧 해결될 줄 알았는데 나는 다시 실의에 빠졌다.

불안과 안정 사이를 오가며 줄타기를 하던 무렵 어린 시절 기억쓰기 세미나를 만났다. 어린 시절 겪은 사건을 기억해 써보고 재해석하고 분석하며 자신을 알아가는 과정 중에 삶의 변화가 일어났다.

강사는 자신의 어린 시절 기억을 소개했다. "엄마가 고기를 구워주어 맛있게 먹고 있는데 이웃 아줌마가 와서 무얼 먹고 있냐고 물었어요. 엄마는 웃으며 쥐라고 대답하며 함께 크게 웃었어요. 순간 창피하고 수치스러웠답니다. 징그럽고 흉물스러운 쥐를 딸에게 먹이다니! 그 사실을 동네 아줌마에게 말하다니! 내가 그렇게 우스운 존재인가? 우리 엄마가 맞나? 나를 싫어하는구나. 엄마도 믿을 수 없는데 누구를 믿을 수 있을까? 다음에 또 어떤 음식을 줄지 의심스러워. 온갖 생각이 다 들었어요."

강사의 어린 시절 첫 기억이 세상을 보는 눈이 되었다. 누군가 호의를 보이면 '저 뒤에 숨은 목적이 무엇일까?' 하는 의심이 자신도 모르게 먼저 떠오른다고 했다. 사람은 믿을 수 없는 존재라는 의식은 무엇이든 의심부터 하고 보는 습관으로 자리 잡았다고 했다.

어린 시절 기억쓰기를 하면서 지나온 삶을 재해석하게 됐다고 했다. 자신의 가치관이 언제부터 어떻게 생겨났으며 인생에 어떤 영향을 미쳤는지 깨닫고, 과거와 현재를 살피며 자신을 깊이 이해하게 되자 남편과 딸을 이해하는 마음도 생겼다고 했다. 강사는 어느 날 용기를 내 물어보았다고 했다.

"엄마, 왜 저한테 쥐를 먹였어요?"

엄마는 가난한 시절, 쌀독에서 통통한 쥐를 발견했는데 깨끗하니까 딸에게 이 고기라도 먹여야겠다는 생각으로 쥐를 잘 손질해 구워줬다는 대답을 들었다고 했다. 강사는 어린아이가 받았던 충격이 얼마나 큰 오해를 낳았고 인생에 지대한 영향을 미쳤는지 생각하며 눈물을 흘렸다. 이해할 수 없었던 자신을 이해하게 되자 엄마와 관계를 조금씩 회복할 수 있었다고 했다. 타인을 신뢰하지 못한 이유가 잘못된 가치관에서 비롯했다는 사실을 안 후 불신의 벽이 허물어지고 있다고 했다. 신뢰가 쌓이는 만큼 삶도 회복 중이라고 털어놓았다.

과거와 현재의 삶을 이해한 후 그릇된 가치관을 몇 개의 문장으로 정리했다. 그 후 올바른 가치관으로 바꾸는 과정에서 겪는 갈등과 회심을 통해 조금씩 변화되어가는 과정을 고백했다. 세미나에 참여한 모두가 눈물을 흘렸다.

 기억 속에 묻어둔 내 어린 시절 기억을 떠올렸다. 강사의 삶의 고백이 모두 내 이야기처럼 들렸다. 강사의 어린 시절과 내 어린 시절, 삶의 갈등과 번민이 뒤섞여 겹쳐지면서 내게도 희망의 빛이 보이기 시작했다.

까마득한 날들이 빠르게 흘러갔다. 스쳐 지나가는 생각은 많은데 무엇을 써야 할지 잘 몰랐다. 어렴풋한 기억의 끈을 하나 끌어당겼다. 마치 종에 매달린 끈을 당긴 것처럼 온몸으로 종소리가 울려 퍼졌다. 하나 둘, 떠오르는 기억을 써 내려갔다.

어린 시절 기억쓰기는 오랜 세월, 누구에게 말하지도 못하고 눈물조차 참아 왔던 내가 나에게 처음으로 건네는 위로였다. 어린 시절 엄마 품에서 마음껏 쏟지 못했던 눈물을 모두 쏟았다. 어린 내가 흘린 눈물을 어른이 된 내가 닦아주었다. 흐느끼며 들썩이는 어깨를 토닥토닥 두드려 주었다. 햇살보다 더 포근한 손길은 마법 같았다. 무거운 어깨가 홀가분해지고, 텅 빈 마음이 조금씩 채워졌다. 마음의 성장이 멈춰버린 나에게 내가 건네는 최초의 악수였다.

어린 시절 기억은 막힌 물꼬가 트인 것처럼 꼬리를 물고 떠올랐다. 기억이 잘 떠오르지 않아 쓰지 못하는 사람도 많았는데 왜 나는 기억이 줄줄 떠오를까? 학교 다닐 때 일기를 줄곧 썼던 영향도 있었지만, 더 중요한 이유를 발견했다. 나는 어린 시절 기억을 통째로 포장해서 '아름다운 추억'이라는 이름표를 붙여 간직하고 있었다. 자신을 추억의 꽃밭에서 물을 주고 꽃을 가꾸는 소녀라고 상상했다. 상처투성이 기억은 슬그머니 숨기고 좋은 기억으로 포장한 채 자신을 속이고 살았다. 기억을 하나씩 꺼내 써 내려가기 전에는 상상도 하지 못했다. 나는 아픔을 벗어나기 위해 좋은 기억이었던 것처럼 왜곡하여 기억 저편에 묻어두었다. 어린 시절 기억쓰기를 하면서 주체하기 힘든 눈물을 흘리고 나서야 아픈 기억이 많았다는 것을 알았다. 하나씩 쓸 때마다 아름답게 포장해 놓았던 껍질은 벗겨졌다. 처음부터 추억이 상처라고 생각했다면 아마 사라지고 없었을 것이다.

어린 시절 기억이 감자를 캐듯 줄줄이 딸려 나왔지만 받아들이기 쉽지 않았다. 한동안 전쟁을 치르는 듯 심한 갈등 속에서 몸살을 앓았다. 자신의 가치를 입증하기 위해 발버둥 치는 삶에 편안함이 있을 리 만무했다. 아무도 지켜보고 있지 않아도 항상 누군가가 나를 감시하는 것처럼 느꼈다. 하얀 천사와 까만 악마가 머릿속에서 늘 속삭였다. 내가 무엇을 원하는가 보다 하얀 천사가 옳다고 하는 선택을 따라야 마음이 편했다. 착한 천사 바이러스에 감염된 사람처럼 생각하고 행동했다. 그 결과 어떤 상황에서든 자신을 절제하고 자제할 수 있는 능력은 확실하게 길러졌다. 하지만 내 욕구나 감정은 점점 찾기 힘들었다. 온기가 남아있는 말랑말랑한 심장은 사라지고 냉랭하게 굳어가는 심장만 나를 비웃고 있었다.

어린 시절, 돈을 줍는 꿈을 자주 꿨다. 동전 하나를 발견해 줍고 나면 발길이 닿는 곳이나 눈길이 가는 곳마다 동전이 있어 계속 줍는 꿈이었다. 꿈에서 깨어나면 허무한 마음을 달래듯 상상의 나래를 폈다. 길을 가다가 돈이 가득 찬 지갑을 줍는 상상이었다. 혼자 갈등하다가 경찰서에 갖다주고 주인을 찾아주는 결론으로 끝났다. 상상의 세계에서도 천사 바이러스는 나를 감시하며 착한 사람으로 살아야 한다고 요구했다.

어린 시절 겪었던 사건을 기억하고 쓰는 행위는 단순히 사건 하나를 꺼내는 것만이 아니었다. 감당하기 힘들었던 감정이 바꿔놓은 내 존재를 새롭게 발견하는 작업이었다. 기억을 바로잡을수록 나를 둘러싸고 있던 껍질도 하나씩 벗겨졌다. 어린 시절 기억쓰기가 어려운 이유가 여기에 있었다.

타인이 나를 어떻게 평가할 것인가에 대한 두려움도 극복해야 할 점이었다. 그럴싸하게 숨기며 살아왔기에 자신의 가면을 벗고 있는 그대로의 모습을 꺼내 마주하기가 쉽지 않았다. 내면을 성찰하며 전쟁을 치르는 고독한 시간이 필요했다. 내 얼굴에 달라붙은 가면을 벗는 고통이었다. 자신을 속이지 않고 제대로 보기 시작할 때 변화는 가까이 있었다. 힘든 상황에서 벗어나고 싶다는 절박한 마음이 없었더라면 내 상처와 마주하기를 거부했을지도 모른다.

마음의 빗장을 풀다

 상처는 세월이 흘러도 딱지만 앉은 채 그대로 남아 있었다. 흐르는 시간 속에 묻혀버린 상처는 찾기조차 쉽지 않았다. 꽁꽁 얼어붙은 마음을 녹여줄 사람은 기억의 숲에서 어린 시절 이야기를 찾아낼 나 자신뿐이었다. 아무도 대신해 줄 수 없는 나와의 씨름이었다.

 어린 시절의 나를 만나 눈을 맞추고 무슨 말이나 다 들어주었다. 아픈 이야기가 나올 때 함께 눈물 흘리며 마음껏 울도록 내버려 두었다. 어려움을 잘 참고 견뎌준 아이에게 무한한 칭찬을 보냈다. 혹시 큰 실수나 잘못이 있어도 책망하거나 비난하지 않았다. 어린아이를 충분히 공감하며 달래주었다. 오랜 시간이 걸려도 재촉하지 않고 기다렸다. 함께하는 시간이 길수록 써야 할 이야기는 늘어났다.

기억을 하나씩 쓸 때마다 감동이 일었다. 가위에 짓눌려 버둥거리다 벗어난 느낌이랄까? 어린 시절 기억을 쓰고 나면 세상이 다 내 편 같고 몸이 깃털처럼 가벼웠다. 풀리지 않던 내 삶의 문제들을 해결할 수 있는 실마리가 보였다. 외부로 쏠려있던 관심이 내게로 향하면서 자신을 살피기 시작했다. "저 사람은 왜 저렇지?" 하던 질문이 "나는 왜 이런 감정이 들지? 왜 이렇게 행동할까? 왜 이런 생각을 할까?"라는 질문으로 바뀌었다. 가족을 원망하던 생각도 바뀌었다. 오히려 나로 인해 힘들었을 가족을 생각하기 시작했다.

내 감정이 무엇인지 알아차리지 못하는 나와 부딪혔다. 무엇을 하고 싶은지, 무엇을 좋아하는지 몰랐다. 감정이 싹트기 전에 싹둑 잘라내고 억눌러 버렸기 때문이었다. 참된 나는 땅속에 묻어버리고 반드시 해야 할 일에 대한 의무감만 남아있었다.

굳어진 가치관은 아픈 상처가 생길 때마다 어른이 된 내게도 그 가치관대로 살 것을 강요했다. 어른이 되어서도 습관처럼 되풀이하는 감정과 그 행동에는 같은 사고가 지배하고 있었다.

내 상처로 인해 어린 두 딸의 마음에 새로운 아픔이 아로새겨졌다는 사실을 알고 기가 막혔다. 아이들이 받은 상처는 부메랑이 되어 내게 돌아온 것이었다. 눈에 보이는 것에 따라 희망과 절망 사이를 왔다 갔다 하며 흔들리던 내가 중심을 잡을 수 있었다. 어린 시절 기억쓰기가 고마웠다.

ᆢ

어린 시절 기억의 숲에서 한동안 머물렀다. 떠오르는 기억을 빽빽하게 써 내려갔다. 억울함, 서러움, 원망, 수치스러운 기억들, 아픔과 슬픔이 절반은 녹아내렸다. 부정적인 생각은 멀어지고 긍정적인 마음과 감사가 가득 찼다. 갑자기 고마운 사람이 떠오르면 전화를 걸어 마음을 전하고 사랑의 말을 건넸다. 또 소중한 사람에게 미안하다고, 용서를 구하는 말을 꺼낼 용기가 생겼다. 마치 누군가가 내게 힘을 불어넣어 준 것처럼 망설임 없이 표현했다.

세미나에 참여한 사람 중에는 끝까지 완성한 사람보다 중도에 포기한 사람, 아예 쓸 엄두를 못 내던 사람이 많았다. 포기하지 않고 썼던 나는 삶의 변화를 체험할 수 있었다. 고통스러운 상황은 별 차이가 없었지만, 현실을 바라보고 해석하는 태도가 달라지면서 삶이 변하기 시작했다.

아낌없이 시간을 내주고 상담해 주던 분들의 고마움을 잊을 수 없다. 자신의 아픔처럼 함께 눈물 흘리며 옆에서 도와주던 분들 사랑의 힘이 컸다. 수퍼마켓을 운영하며 바쁘게 일하면서도 한쪽 구석에서 어린 시절 기억을 쓰고 분석하는 나를 도와주던 분도 있었다. 그분들의 지지와 격려, 위로와 사랑이 없었더라면 혼자 건너기에는 너무 힘겨운 이 작업을 끝까지 견디지 못했을 것이다. 내 이웃을 내 몸과 같이 사랑하라는 말씀을 실천하는 분들이 보여준 사랑과 섬기는 마음 없이는 불가능한 일들이었다.

누구에게도 속마음을 보이지 않던 내가 마음의 빗장을 풀었다. 많은 사람 앞에서 삶의 간증을 수차례 했다. 어린 시절 겪었던 사건과 가치관이 현재 어떤 영향을 미치며 새로운 가치관으로 바뀌는 과정에서 겪는 갈등을 그대로 고백했다. 자신을 솔직히 드러내는 것은 쉬운 일이 아니었다. 자신의 내면과 마주한다는 것은 고독한 싸움이었고 사람들 앞에 발표하는 것은 더 힘든 일이었다. 내가 받은 사랑과 은혜에 대한 감사함이 있었기에 가능한 일이었다. 어려운 환경 속에서 겪은 상처, 나약한 인간이기에 휘둘렸던 마음, 욕심과 질투, 비교와 원망을 일삼는 부끄러운 삶의 고백이었다. 행동으로 나타나지 않았어도 나를 지배하고 있는 시커먼 마음의 밑바닥이 그대로 드러났다. 발표를 준

비하면서 자신을 더 깊이 고민하고 성찰할 수 있었다.

보물을 찾았다. 어린 시절에 겪은 상처를 이겨내고 살아남기 위해 생긴 왜곡된 신념, 가치관을 발견하는 과정이 보물 찾기였다. 누구나 흔히 가질 수 있는 평범한 가치관이었지만 잘못 끼워진 첫 단추는 어긋날 수밖에 없었다. 어린 시절에 싹트고 자라나 점점 더 튼튼하게 뿌리내린 가치관을 캐내고 새로운 가치관을 심는 일은 만만치 않았다. 나를 조종해오던 가치관을 캄캄한 동굴 밖으로 꺼내놓기 시작했다. 가치관을 밝은 세상에 드러내고 새로운 가치관으로 바꾸는 훈련이 필요했다. 그동안 까만 바둑알과 하얀 바둑알이 번갈아 깔리는 대로 살던 삶에서 무엇이 하얀 바둑알인지 까만 바둑알인지 구분할 힘이 생겼다. 인생의 바둑판에서 내가 원하는 바둑알을 한 알씩 늘려가는 중이다.

꽃집에 들렀다. 샛노란 프리지어 한 다발이 안개꽃에 싸여 향기를 가득 뿜고 있었다. 꽃다발을 사서 졸업식장으로 향했다. 딸을 보는 관점이 9년 전과 비교할 수 없이 달라진 내가 보였다. 문제를 일으키는 딸의 생각과 행동을 바꿔야겠다는 일념에서 벗어나 나에게 관심을 돌렸다. 눈에 보이는 점에만 매달려 어쩔 줄 모르던 내가 눈에 보이지 않는 부분을 캐묻기 시작했다. 변해야 할 대상은 나 자신이라는 것을 깨달았다.

어린 시절 나에게 부모님은 절대적인 존재였다. 그분들의 말과 행동, 표정과 눈빛 어느 것 하나도 예사롭게 느껴지지 않았다. 작은 몸짓 하나도 내 방식대로 이해하고 받아들였다. 스스로 발견한 삶의 방식은 세상살이에서 나를 지키는 울타리였다.

부모님이 보이는 반응에 따라 세상을 인식하는 눈이 생겨났다. 긍정적인 반응보다는 부정적인 반응을 훨씬 민감하게 받아들였다. 단편적으로 인식하던 시기에 나도 모르게 자리 잡은 가치관이 내 삶을 지배했다.

내가 부모가 된 후 딸들에게 미치는 영향도 마찬가지였다. 무심코 행했던 것이 딸의 가치관을 좌우지했다. 말 한마디와 한 번의 눈빛이 딸을 점령할 줄 몰랐다. 가장 좋은 것을 주고 싶은 엄마의 마음과 달리 안타까운 세월만 훌쩍 흘러버렸다.

"딸들만큼은 나와 같은 아픔을 겪게 하지 않을 거야. 공부만 잘하면 꿈을 이룰 수 있어. 성공한 인생, 행복한 삶이 펼쳐질 거야." 딸의 미래를 위해서라면 무엇이든지 다 줄 수 있는 좋은 부모가 되고 싶었다. 가난한 환경에서 자랐던 만큼 교육에 대한 열정은 뜨거웠다. 꿈을 이루지 못했기 때문에 내가 힘들게 산다는 생각도 보태졌다. 글을 배우지 못한 엄마에게 심어진 교육열처럼 내게도 자녀교육은 가장 절실한 과제였다.

아버지께 매를 맞으면서라도 학교에 가고 싶었던 내게 학교에 가지 않는 딸을 이해한다는 것은 가혹한 형벌이었다. 넘지 못할 장벽이었다. 매일 아침, 내 마음은 전쟁터였다. 침대에서 꼼짝하지 않는 딸에게 뭐라고 말할 것인지, 좋게 달랠 것인지, 화를 낼 것인지, 얼마만큼 혼낼 것인지, 포기할 것인지, 갈등의 연속이었다. 부글거리는 속을 억지로 참는 데 한계에 부딪힐 때도 많았다. 매번 가슴이 무너져 내렸다.

내 가치관으로 딸의 행동을 수용하는 일은 죽을 만큼 힘들었다. 인정하기 싫었다는 표현이 더 솔직한 것 같다. 딸이 뜻대로 따라오지 않으면 냉담하게 배척하고 있는 자신을 발견했다. 일방적인 훈계와 강요만 일삼았던 나였다. 조금씩 딸의 시선으로 바라보고 딸을 있는 그대로 인정하며 마음에 여유가 생겼다. 일방적인 대화가 줄어들고 딸의 이야기가 귀에 들어왔다. 딸의 마음이 보였다. 동굴 속 같은 긴 인내의 시간이 흘렀다.

딸은 내가 변화되는 만큼 천천히 바뀌어갔다. 어느 날 유치원 교사의 꿈을 포기하지 않았다고 하더니 검정고시학원을 등록해달라고 했다. 열심히 스스로 공부하더니 유아교육과에 입학했다. 잘 견딜 수 있을까 걱정했는데 아르바이트까지 하면서 장학금을 놓친 적이 없었다. 3년 과정 하루하루가 기적 같았다.

졸업식장으로 가는 내내 울컥울컥했다. 노란 프리지어 꽃다

발보다 더 활짝 웃으며 학사모를 쓴 딸과 이리저리 사진을 한없이 찍었다.

셀프 테라피

 감사일기를 쓰기 시작했다. 휴대전화에 나만의 감사일기 밴드를 만들어 사진과 함께 감사일기를 매일 썼다. 따로 시간을 낼 필요 없이 언제든지 쓸 수 있어 좋았다. 가슴이 답답할 때 하나씩 쓰다 보면 길이 보였다. 서운하던 마음은 꼬리를 감추고 혼란스러운 마음도 정리가 되었다. 작은 일도 미주알고주알 쓰면서 내 감정의 변화도 살필 수 있었다. 점차 쓸 내용이 늘어났다. 지하철이나 버스에서 감사일기에 빠져 내려야 할 역을 지나칠 때도 많았다.

감사일기가 주는 삶의 긍정적인 변화를 경험한 사람이 주위에 적극적으로 전파하면서 감사일기는 세상에 널리 퍼졌다. 감사일기처럼 누구나 할 수 있는 좋은 도구들이 많이 생긴다면 세상은 행복 바이러스로 가득하지 않을까?

어린 시절 기억쓰기야말로 감사일기처럼 세상에 긍정 에너지를 전파할 도구라는 확신이 들었다. 어린 시절 기억쓰기를 만났던 사람들은 누구나 자신이 누린 혜택을 세상에 전하고 싶어 했다. 시간과 돈도 아끼지 않고 어려운 일에 처한 사람들을 돕는 일에 발 벗고 나섰다. 나도 동참하고 싶은 마음이 생겼다. 아무리 힘들고 아픈 과거도 사람들 앞에서 망설이지 않고 이야기할 수 있는 용기가 생겼다. 자신이 지나온 아픔의 이야기와 어떻게 무사히 눈물의 강을 건넜는지 고스란히 쏟아냈다. 그분들의 사명감 덕에 내가 도움받았듯 나에게도 강한 사명감이 꿈틀거렸다.

어린 시절 기억쓰기는 한 방향으로 치우쳐 있던 관점을 사방팔방으로 어린 시절 사건을 조명하고 주변 사람들의 입장까지 살피는 눈을 선물했다. 참된 나를 찾고 싶은 욕구는 강했지만 당장 해야 할 일에 쫓겨 다니기 바빴다. 바쁘게 살아가도 시간이 모자라는데 잠시 한눈을 판다면 혼자 뒤 쳐질 거라는 불안 때문이었다. 아이들 키우며 먹고살기 바빴다는 말이 솔직하겠다. 자신을 돌아볼 겨를이 없었다. 어려움이 닥치면 정신이 번쩍 들어도 여전히 더 빠른 해결책을 찾기 위해 여기저기 헤매다 소중한 것을 놓쳤다. 나와 같은 실수를 되풀이하지 않았으면 하는 바람이 간절했다. 어린 시절 기억을 하나씩 더듬어 써 내려가며 자기 자신을 발견하길 바라는 마음이 솟아올랐다. 그래서 이 책을 쓰기 시작했다. 어린 시절 기억쓰기를 통해 삶의 갈등과 고통을 겪는 사람들이 자신의 가치관을 확인하고 변화된 삶의 평안을 누렸으면 좋겠다는 사명감으로 책 쓰기를 시작했고, 멈출 수 없었다.

감사일기가 현재 삶에 감사함으로써 행동의 변화를 가져오는 도구라면 어린 시절 기억쓰기는 지난 과거를 통해 현재의 자신을 알아가는 도구다. 나를 바라보는 관점의 변화는 삶의 구석구석을 살피게 만들고 내면의 성찰을 가져왔다. 겉핥기 식의 일시적인 변화가 아니라 뿌리부터 근본적으로 변화를 일으키는 첫걸음이다.

어린 시절 기억쓰기는 세상 밖으로 떠나는 여행이 아니라, 가장 소중한 자기 자신을 만나러 가는 내면 여행이다. 나목처럼 드러난 나와 대면하는 일은 출산의 고통만큼 힘들었다. 상처도 한 번씩은 밖으로 꺼내서 툭툭 먼지를 털고 가을볕에 쨍쨍 말릴 필요가 있나 보다. 출산의 고통을 견디면 사랑스러운 아기의 얼굴을 만나는 기쁨을 누리는 것처럼 커다란 감동이 밀려왔다. 지금까지 내가 입고 있던 무거운 옷을 하나씩 벗어버리고 천사의 날개처럼 가벼운 새 옷으로 갈아입는 기분이었다. 나를 알아가는 과정은 내가 세상 밖으로 새롭게 태어나는 기쁨이었다. 인식의 전환은 마법처럼 일어났다.

기억의 숲에서 세상에 태어나던 나를 만났다. 추운 겨울 새벽이었다. 엄마는 나를 낳기 위해 있는 힘을 다해 고함을 질렀다. 한참 후 '응애' 하는 소리와 함께 내가 태어났다. 아들인지 딸인지부터 확인하는 말을 주고받았다.

"딸이네."

그리고 말이 없었다. 누구든 출산 후 가장 궁금하게 여기는 것은 아이의 성별이다. 출산 소식을 들은 사람이라면 너나 할 것 없이 먼저 물어보는 질문이다. 부모님도 마찬가지였을 것이다. 나도 첫 딸을 낳고 둘째는 꼭 아들이길 바랐다. 둘째를 출산하고 딸이라는 의사의 말을 듣고 눈물이 났다.

"저도 딸이 둘입니다. 셋째 아들 낳으러 꼭 우리 병원으로 오세요." 의사는 위로의 말을 건넸다. 젖몸살까지 심해 더 우울했다. 퇴원 후 둘째를 안고 젖을 먹일 때 반짝이는 눈으로 나를 쳐다보던 딸을 곧바로 사랑할 수밖에 없었던 내가 떠올랐다. 얼마나 예뻤던가! 서운하던 마음은 다 녹아내렸다. 엄마의 마음은 다 똑같지 않을까? 그동안 내가 '딸'이라는 말에 지나치게 의미를 부여하고 얽매였던 건 아닐까? 아들을 기다렸던 부모님은 서운한 마음만 컸고 딸을 사랑하는 마음은 생기지 않았을까? 내가 그랬듯이 부모님도 사랑이 뚝뚝 떨어지는 눈으로 작은 나를 바라보고 있었다.

'아, 나는 부모님의 서운한 마음에만 집중했지 사랑하는 마음은 미처 생각하지 못했구나!' 아들을 잔뜩 기대했다가 딸이 태어났으니 서운한 마음이 든 것은 당연한 일이었다. '나도 처음에 서운해서 등을 돌리지 않았던가!' 나는 부모의 자연스러운 감정조차 내 마음대로 좌지우지하고 싶어 했다는 걸 알았다. '지나친 내 욕심이야.' 내 속을 훤히 내보인 것 같아 겸연쩍었다.

쑥쑥 자라는 아이와 함께 나는 기억의 숲을 거닐었다. 곳곳에 기억이 펼쳐졌다. 여기저기 쫓아다니며 신기한 세상을 마음껏 돌아다녔다. 기억 속의 사람들도 만났다. 내 도움을 애타게 기다리는 아이의 눈빛과 마주쳤다. 어린아이를 따라다니며 잃어버린 기억을 발견했다. 아픈 기억을 밖으로 끄집어낼 때마다 보물을 하나씩 찾았다. 아픈 기억의 껍질을 벗겨내자 옥수수 알갱

이처럼 활짝 웃음 짓게 하는 기억도 알알이 박혀있었다. 하나의 기억쓰기는 또 다른 기억쓰기의 전령 역할을 맡았다.

"머리가 하얘져요. 아무런 기억도 나지 않고 머리만 아파요."
"어린 시절 기억이 잘 나지 않는다는 것은 기억하고 싶지 않기 때문일 수 있어요. 그 기억이 아픔을 품고 있다는 의미이기도 해요. 꼭 써보겠다는 의지만 있으면 할 수 있습니다. 써야 한다는 부담이 크다면 먼저 수다를 떨어 보세요. 제삼자의 이야기를 옮길 때처럼 내 어린 시절 이야기를 친구에게 풀어놓아 보세요. 가슴이 텅 빈 것처럼 빈껍데기 같은 자신을 종종 느낀다면 나에게도 써야 할 이야기, 기억에서 찾아야 할 보물이 많다는 증거입니다."

세미나에서 강사들이 들려주는 어린 시절 이야기를 들을 때마다 떠오르는 것을 곧바로 메모했다. 어떤 사건이나 감정, 혹은 생각나는 단어 하나라도 놓치지 않고 적어두었다.

"어떤 감정이 전해지나요? 어떤 행동을 했어요? 그때 어떤 생각이 들었을까요?"

강사가 시키는 대로 따랐다. 체면에 걸린 사람이 비밀을 술술 풀어놓는 것처럼 기억을 꺼냈다. 부끄럽다는 생각이 들지 않았다. 먼저 솔직하게 자신의 어린 시절을 들려준 강사들 덕분이었다.

 강의가 끝난 후 서너 명씩 모여 강의에 대한 소감과 더불어 어린 시절 기억을 이야기하는 시간을 가졌다. 이야기를 꺼내다가 눈물을 글썽이거나 울컥해서 말을 잇지 못하는 사람도 있었다. 한 사람의 이야기를 듣고 돌아가며 그 사건에 대한 생각을 나누었다. 각자의 다양한 시각에서 사건을 볼 수 있게 되자 이해의 폭이 넓어졌다. 기억 속에 묻어둔 이야기를 사람들 앞에서 꺼내는 것만으로도 가슴이 뻥 뚫리는 기분이었다. 진솔하게 바라보는 눈빛만으로도 따뜻한 위로가 되었다.

 혼자 아무리 애써도 잘 떠오르지 않던 기억이 둥둥 떠다녔다. 한 사람은 여전히 할 이야기가 떠오르지 않는다며 꺼내기 힘들어했다. 너무 조급하게 생각하고 낙담할 필요가 없다며 모두 응원을 보냈다. 모임이 끝나자 눈물로 얼룩진 마음을 서로 안아주며 등을 토닥이며 마음을 전했다.

∷

 어린 시절 기억쓰기를 시작하기 전 팬시점을 찾았다. 예쁜 공책과 연필이 생기면 뭔가를 쓰고 싶었던 기억이 났다. 언제나 딸을 위해 계산하던 곳이었다. 나를 위한 문구를 고르는 것이 서툴러 한참 동안 예쁘고 신기한 것들을 쳐다만 보고 서 있었다. 어떤 것을 선택할지 고민하고 있는데 문구를 고르는 아이의 모습이 보였다.

6학년 때 부산 큰엄마 집에 놀러 갔을 때 언니와 커다란 팬시점에 갔다. 사고 싶은 것을 고르라고 했는데 고를 수 없었다. 언니가 돈을 쓰는 것이 미안했다. 언니에게 피해를 주는 것 같아 꾹 참았다. 시골 문구사에서는 볼 수 없는 좋은 문구들이 모두 신기하고 좋아 보였다. 꼭 필요한 노트 서너 권과 연필만 샀다.

왜 예쁜 문구를 사고 싶지 않았을까? 나는 사고 싶은 마음을 억누르기 바빠 원하는 것은 찾을 수 없었다. 눈에 보이는 것들이 모두 황홀했다. '참아야 해. 언니에게 피해를 주면 언니가 나를 좋아하지 않을 거야.'라는 생각이 앞섰다.

어른이 되고 나서도 욕구를 억누르고 참기만 하다 보니 내가 무엇을 원하는지 몰랐다. 시간이 갈수록 내 감정이나 내 욕구를 헤아리기 힘들어졌다. 매사 다른 사람을 먼저 생각하고 배려해야 좋은 사람이라고 믿었다. 좋은 사람, 착한 사람이 최선이라는 생각, 그래야 다른 사람이 나를 거부하지 않을 거라는 생각이 나를 지배했다. 가슴 한편에는 억울한 마음이 점점 쌓여갔다. 배려하지 않는 사람을 만나면 분노가 일었다. 허전한 감정이 나를 잠식해갈수록 기쁨과 행복은 멀어져 갔다.

마음에 드는 노트와 필기구를 몇 개씩이나 샀다. '노트와 볼펜이 뭐라고 이렇게 마음이 설렐까?' 별것도 아닌 일에 내가 이렇게 즐거워 할 줄 몰랐다.

모두 잠든 밤, 나는 커피를 한 잔 내려놓고 상을 펼치고 필기구를 꺼냈다. 내가 가장 좋아하는 시간, 가장 마음에 드는 자리를 선택했다. 나 자신을 만나러 갈 준비를 완료했다. 〈그녀를 만나기 100m 전〉 가사처럼 '하늘의 구름이 솜사탕이 아닐까? 어디 한번 뛰어올라 볼까.' 하는 노래를 흥얼거렸다. 설레는 마음에 기분이 최고였다. 새로 산 노트가 꽤나 흡족했다.

좋아하는 음악과 간식이나 차를 준비하고 원하는 분위기를 연출하거나 마음에 드는 카페 구석 자리도 좋다는 말이 생각났다. 내게 가장 편안한 시간은 어릴 때부터 가족이 모두 잠든 밤이었다. 어린 시절 단칸방에서 그 시간이면 무엇이든 마음껏 할 수 있었던 것처럼 어린 시절 기억을 하나씩 써 내려갔다.

나를 찾아가는 여정

 어린 시절 기억은 술술 떠오르다가도 곧 막막하곤 했다. 볼펜을 옆으로 입에 물고 앞니로 지그시 깨물었다. 생각이 나지 않으면 연필을 물고 이빨 자국을 꼭꼭 내던 버릇이 있었다. 세미나에서 강사가 어린 시절 기억쓰기를 소개하던 목소리가 들렸다. "어린 시절 기억의 숲으로 가 볼게요. 가족관계에서 일어났던 사건이나 특별한 행사, 경제적인 어려움으로 겪었던 일이나 특별히 좋아했거나 잘 다투었던 가족이나 사람들, 즐겁고 행복했던 일, 보람을 느낀 일 등을 떠올려보세요. 성장하면서 자기 자신에게 많은 영향을 끼친 사람을 기억의 숲에서 만나보는 일도 중요합니다."

다리가 아플 때 몇 번이나 한약을 지어주었던 큰아버지, 아버지를 엄마처럼 보살폈던 고모가 떠올랐다. 좋아했던 사람, 도움을 받았거나 도와준 일도 생각해 보았다. 글쓰기를 처음 가르쳐 준 초등학교 5학년 때 선생님, 가난하다고 차별하지 않고 전교 어린이 부회장을 시켜주었던 6학년 담임선생님이 떠올랐다.

"가장 힘들었던 일, 슬펐던 일, 아팠던 일, 억울했던 일, 부끄러운 일, 다친 기억, 미워하거나 싫어했던 사람 등도 생각해 보세요. 칭찬받았던 기억, 벌을 받거나 매 맞은 기억, 무서웠던 기억, 몰래 나쁜 짓을 한 기억, 자신만의 비밀도 찾아보세요." 문구점에서 과자를 훔쳤던 일, 부모님의 심부름을 하고 남은 돈으로 아이스케키를 다 사 먹고 물건값을 속였던 일, 시험지 답안을 고쳐서 채점했던 기억도 났다.

기억의 숲에서 만난 사람이나 떠오르는 사건들을 잊지 않기 위해 간단히 기록하고 몇 살 때였는지, 누구와 관련된 이야기인지도 메모했다. 기억마다 제목도 붙여주었다. 그때 주고받았던 말이나 행동, 반응, 표정도 곰곰이 생각해 보았다. 어떤 느낌이었는지, 어떤 반응을 했는지, 어떤 생각이 들었는지 등을 닥치는 대로 썼다. 기억이 날듯 말듯한 경우에도 쓰다 보면 떠오르는 경우도 있었다. 메모하듯 나만 알아볼 수 있게 썼던 것이 실타래를 푸는 비결이기도 했다.

막막해도 포기하지 않았다. 나는 던져진 질문에 따라 한 걸음씩 발을 옮겼다. 떠오를 듯 말듯 헷갈리거나 어렴풋한 부분은 가족이나 친구의 기억을 빌렸다. 어릴 때가 잘 기억이 나지 않는다면 학창 시절이나 20대의 기억을 먼저 써보는 것도 좋다고 했던 말이 생각났다. 가까운 기억을 먼저 떠올려보기도 하고 시간에 개의치 않고 왔다 갔다 하기도 했다. 태어날 때의 일이나 몇몇 사건은 내 기억이 아니라 가족에게 들었던 내용이었다. 자주 들어서 내 기억처럼 자리를 차지하고 있었다. 무엇이든 첫 기억을 쓰는 행위가 어린 시절을 송두리째 불러오는 중요한 역할을 했다. 스스로 던지는 질문과 내가 떠올린 대답이 기억의 숲을 통과하는 암호였다.

깊은 밤, 하나씩 떠오르는 이야기를 고향 친구와 추억을 나누듯 풀어갔다. 부담이 훨씬 줄었다. 모든 것을 믿고 맡기고 평생을 함께할 사랑하는 이를 만나 내 이야기를 속속들이 들려주듯 쓸 때도 있었다. 어른이 된 내가 사랑을 가득 담은 눈으로 어린 나를 바라보았다. 한참 쓰다 보면 어느새 흐르는 눈물을 닦아줄 또 다른 내가 필요했다. 내 안에서 살아 숨 쉬는 나를 만날 수 있었다. 한 사건에 파묻히기보다 인생 전체를 보는 눈이 조금씩 생겨나기 시작했다. 내 생각 구조를 알고 나니 현재 삶의 갈등이나 문제를 어떻게 인식해야 할지, 주변 사람들과 관계를 어떻게 풀어야 할지 지혜가 조금씩 생겼다.

어린 시절 기억쓰기를 하는 동안에도 많은 변화가 있었지만, 구체적인 변화는 어린 시절 이야기를 분석하는 과정에서 일어났다. 쓰는 과정은 감정의 문을 활짝 여는 것이었다면 분석하는 과정은 모든 이성을 동원해 나를 설득하는 목소리였다. 내가 옳다고 믿었던 신념을 부인하는 일은 지금까지의 나는 죽고 새롭게 태어나는 것과 다름없었다. 그동안 오리무중이었던 문제를 푸는 열쇠가 보였다.

내 어린 시절 이야기를 분석하는 과정은 목마를 때마다 한 두레박씩 길어 올려 물을 마시는 우물 같았다. 수도꼭지만 돌리면 콸콸 나오는 수돗물이 아니었다. 기억의 숲에서 흐르는 물길을 찾고, 직접 우물을 판 다음 두레박으로 물을 길어 올려야만 했다. 젖 먹던 힘을 다해 우물은 파 놓았지만 물을 길어 올리는 두레박질도 서툴렀다. 두레박 끈을 옆으로 휙 당겨 젖히듯 물을 가득 담아 끌어올리면 이리저리 흔들려 거의 다 쏟아지고 조금밖에 남지 않았다. 그러나 물속에는 가장 선명한 기억이 담겨

있었다. 물을 마시고 갈증이 풀리면 혀끝에서부터 목젖 안쪽까지 입안에서 살아 숨 쉬는 물맛을 느낄 수 있었다. 물을 한 모금씩 마시고 음미하며 내 몸속으로 받아들이는 단계가 필요했다.

내 욕구가 이뤄졌을 때와 좌절되었을 때 느끼는 감정은 완전히 달랐다. 다양하게 밀려오는 감정을 받아들이거나 거부하기 위해 나는 무엇을 어떻게 했는지, 목적을 위해 어떤 노력을 기울였는지 확인했다. 이런 과정을 통해 나는 어떤 생각을 하게 되었고 어떤 각오나 결심을 했는지도 확인할 수 있었다.

두레박을 던져도 어떤 감정이 들었는지 찾기 어려울 때는 미뤄두고 다른 이야기로 넘어갔다. 감정을 억누르고 살아온 내가 오래전 감정을 찾기란 무척 힘들었다. 감정 대신 행동이나 생각을 이야기할 때가 많았다.

바쁜 농사일 때문에 소풍 가지 말라는 아버지 말에 울면서 학교에 가겠다고 떼쓰다가 매 맞은 날, 어떤 감정이 들었는지 묻는 말에 대뜸 '아버지는 나를 사랑하지 않는다.'라고 썼다. 매를 맞았으니 '억울하다, 아프다, 슬프다, 서운하다, 밉다, 원망하다, 앙심을 품다' 등과 같은 감정 대신 '사랑하는데 왜 때려?' 하는 생각이 앞섰다. 감정을 표현하기보다 내가 먼저 결론을 내려두고 재빨리 해결책을 찾아 실행하는 버릇 때문이었다.

SNS에 넘쳐나는 이모티콘 혜택을 많이 봤다. 감정 표현이 서툴고 어색한 나에게 예쁘고 귀여운 캐릭터의 풍부한 표정이나 제스처는 내 감정을 적절히 표현해 주기 좋았다. SNS에서 대화를 주고받을 때 먼저 용건을 쓴 다음 이모티콘을 골라 사용했다. 이모티콘 뒤에 숨겨진 내 감정을 곰곰이 찾아보고 표현했다. 문제는 이모티콘을 고를 때 한참을 고민해야 한다는 점이었다. 엉뚱한 것을 골라 딸들의 웃음거리가 되기도 했다. 기발한 이모티콘을 쏙쏙 골라 감정 표현을 잘하는 사람에게는 별거 아니지만 내게는 심각한 일이었다. 사실 부러웠다.

어린 시절 기억쓰기 분석을 혼자 해보았더니 감정과 생각을 구분하기 힘들었다. 감정과 생각이 구분되지 않아 온통 뒤죽박죽으로 섞여 있었다. 이런 부분은 상담해 주던 분들을 찾아가 도움받았다.

자존감에 새 살이 돋아

몇 년 전에 다리가 아팠다. 무거운 것을 들었더니 허리와 다리에 통증이 와서 걷기 힘들어 절룩거렸다. 도수치료를 잘하는 병원을 소개받아 찾아갔다. 엑스레이를 보여주며 오랜 시간 잘못된 자세로 척추가 틀어졌다고 했다. 걸음걸이가 부자연스럽고 어깨의 높이도 달라지고 엉덩이뼈도 틀어져 다리 길이도 달라졌다고 했다. 이런 상태로 무거운 것을 드는 순간 충격이 가해져 심각한 통증이 나타났다고 설명했다. 허리 부위에 열 치료와 전기치료를 한 다음 온몸의 근육을 풀어주는 치료를 했다.

어긋난 뼈를 강제로 끼워 맞추는 도수치료가 비명과 함께 이어졌다. 치료 후에는 몇 가지 운동을 시켰다. 문제가 발생한 부위의 근육을 강화해 재발하지 않도록 하기 위한 훈련이었다. 신기하게 첫날부터 좋아지기 시작하더니 몇 차례 반복하고 나서 회복할 수 있었다.

허리가 아플 때 도수치료를 선택했던 것처럼 나는 삶의 문제가 닥쳤을 때 어린 시절 기억쓰기를 선택했다. 미성숙한 어린아이가 겪었던 사건을 써 내려가면서 아이의 관점으로 세상을 바라본 신념이 어떻게 가치관으로 굳어갔는지 발견하고 새로운 가치관으로 바꾸는 작업은 각각 분야별로 필요했다. 누구든 마음만 먹으면 스스로 할 수 있고 쉽게 접근 가능한 방법이 틀림없다. 누구나 어린 시절을 거쳐 현재에 이르렀고 각자의 차이는 있지만 기억하는 어린 시절이 있기 때문이다. 마음만 먹으면 선택할 수 있고 삶의 변화를 가져올 수 있었다.

나에게 새로운 가치관은 신앙을 가지며 받아들였던 성경 말씀이었다. "나는 존재 자체로 가치 있고 사랑받아 마땅하다. 자녀는 부모의 소유물이 아니라 존재 자체로 소중하며 하나님이 주신 선물이자 기쁨이다. 부모에 대한 순종과 공경은 하나님의 명령이다. 부모님이 내게 무엇인가를 해주었기 때문에 섬기는 게 아니라 부모이기 때문에 공경한다."

내가 크리스천인 까닭도 있지만, 삶의 전반적인 영역에서 잘못된 내 가치관을 새롭게 전환하기에 성경 말씀보다 더 나은 가치관을 찾을 수 없었다.

'내 존재 가치는 아들이냐 딸이냐에 따라 결정되는 것이 아니다.' 나는 누군가에게 꼭 필요한 존재임을 증명해야 한다는 생각이 문제였다. 주어진 책임을 완수했는지에 따라, 능력이 뛰어난지에 따라, 타인의 인정과 칭찬에 따라 존재 가치가 결정된다고 믿었다.

'나의 참된 가치는 무엇으로도 규정할 수 없다. 어떤 것도 내 가치를 평가하는 기준이 될 수 없다. 이 세상 무엇과도 바꿀 수 없을 만큼 나는 귀한 존재다. 내가 가진 일부분이 나를 규정하는 것이 아니라 존재 그 자체로 이미 귀중하고 사랑받아 마땅하다.' 이렇게 가치관을 바꾸는 과정에서 자아 정체성이 가장 중요한 부분이라는 것을 알았다. 내게 가장 어렵고 풀리지 않는 숙제였다. 모든 문제 사고는 자아 정체성과 엮여있었다. 오랜 시간 나 자신과 씨름했다. 새로운 가치관으로 잘 적용하는 것 같이 잠잠하다가도 문제가 생길 때마다 파헤치고 들어가 보면 그릇된 정체성이 똬리를 틀고 있었다.

오랜 세월 동안 삶에 스며있는 가치관, 습관적으로 드는 감정이나 무의식에 사로잡혀 있던 삶의 패턴은 쉽사리 바뀌지 않았다. 거듭되는 실패에 좌절하고 아픔을 겪으며 서서히 변화가 일어났다. 사건이 생길 때마다 나도 모르게 예전 방식대로 반응하지만 "아, 내가 또! 이건 아닌데." 하는 말을 자신도 모르게 입 밖으로 내뱉고 있었다.

성장 과정에서 결핍으로 말미암아 좌절된 욕구와 상처, 심리적 불안은 비뚤어진 가치관을 형성했다. 내 욕구를 채우기 위해 나도 모르게 이리저리 이끌려 다니던 삶. 억눌린 분노가 갑작스레 올라와 주체하기 힘들 때가 많았다. 하지만 상처에 새살이 차오르듯 올바른 자아 정체성이 자리 잡아갈수록 무너져있던 자존감에도 새살이 돋았다.

어린 시절 기억은 삶의 모든 영역과 맞닿아 있었다. 인격 형성에 지대한 영향을 미쳤기 때문이다. 자아상과 신념, 가치관이나 인간관계 등 영향을 미치지 않는 곳이 없었다.

겉으로 드러난 문제는 빙산의 일각이었다. 깊이 들여다보면 그 뿌리에 어린 시절 이야기가 모두 자리 잡고 있었다. 내 인생에 결정적인 영향을 끼친 것은 부모로부터 물려받은 유전자, 타고난 기질과 성향, 부모의 양육방식, 자라면서 경험한 특별한 사건, 오랫동안 학습해온 것들이었다. 가까운 사람의 죽음, 부모, 형제의 불화, 이혼, 부모의 사업 실패, 사고나 질병 등은 내 뜻과 무관하게 일어났다. 어려운 시기에 누구나 겪은 일일지라도 각자가 느끼는 아픔의 종류와 크기, 슬픔을 느끼는 깊이는 달랐다.

동생과 얘기를 하다 보면 같은 형제지간인데 부모의 말이나 행동에 대해 느끼는 감정이 서로 다른 경우가 많았다. 내 머리 꼭대기에 자리 잡은 가치관은 사령관 역할을 맡고 있었다. 무슨 사건이 생길 때마다 내 머릿속은 바빴다. 핵심 가치관에 따라 사건을 인지하고 내 감정이나 행동을 조종했다. 나를 움직이는 가치관이 구체적으로 밝혀지고 나니 변화가 눈앞으로 다가왔다.

어린 시절 기억쓰기를 적용하는 방법에는 두 가지가 있었다. 첫째는 어린 시절 기억을 쓰고 난 다음 분석하면서 그 당시 형성된 가치관을 발견하고 현재 삶에 미치는 영향을 찾는 방법이었다. 과거에서 현재로 옮겨오는 방법이다. 둘째는 현재 갈등을 겪고 있는 사건을 분석하면서 연관된 어린 시절 이야기를 찾는 방법이었다. 현재 삶에 닥친 어려운 문제를 해결하기 위해 가치관의 뿌리를 찾아 거꾸로 어린 시절 이야기를 더듬어 가는 방법이다.

여러 사건을 분석하면서 여전히 벗어나지 못하고 견고한 가치관에 얽매어있는 자신을 확인했다. 사건만 다를 뿐이지 바닥에 깔린 사고의 뿌리가 어떻게 이처럼 같을 수 있는지 놀랐다. 먼저 오래된 가치관을 붙잡고 씨름을 했다. 철석같이 믿고 있는 가치관을 무조건 문제가 있다 치부할 수는 없었다. 현재 내 가치관의 옳고 그름을 판단하기보다 어린 시절로 돌아가 그 당시에 겪은 사건과 형성된 가치관을 살피며 점검하고 판단하는 방식이 설득력 있었다.

자아 정체성, 부부에 관한 생각, 부모와 자녀 관계에 대한 사고, 재물이나 직업을 어떻게 규정하는지, 형제, 직장 동료나 이웃에 대한 사고는 어떤지 등 분야마다 고유한 가치관이 자리 잡고 있었다. 어떤 가치관이 자리잡고 있는지 캐내는 일은 복잡하고 어렵게 느껴져 힘든 점도 있었지만 나 자신을 직면하고 싶지 않기 때문에 피하고 싶었다. 그러나 가치관이 쉽사리 바뀌지 않는다고 모든 것을 운명으로 받아들이고 살아가기에는 내 인생이 아깝다는 생각이 들었다.

'여자로 태어난 내가 남자가 될 수 없듯 부유한 가정에서 더 좋은 부모 밑에 다시 태어날 수는 없다. 내 의지대로 할 수는 없는 부분 때문에 계속 휘둘릴 수 없다. 내 삶의 방식을 스스로 선

택하고 변화, 성장, 성숙할 길이 있다면 외면하지 않겠다.'

새로운 삶의 기회를 놓치고 싶지 않았다. 기억나는 대로 써둔 어린 시절 사건을 하나씩 분석하는 작업도 끝까지 완성했다. 결국 어린 시절 기억을 파고든지 십 년이 흘러 이 책을 쓰기에 이르렀다.

올바른 자아 정체성이 자리 잡아갈수록
무너져있던 자존감에도 새살이 돋았다

5장

투 비 컨티뉴드

우리에게는

세상을 다시 시작할 힘이 있다

토머스 페인

질문이 바람처럼

마음이 아플 때 나는 누구에게 들킬까 봐 꼭꼭 숨기기 바빴었다. 참다가 견디기 힘들면 다른 방법을 찾아 헤맸다. 아픈 마음을 대신 채워줄 일에 집중하거나 남편이나 두 딸에게 집착했다. 여행을 통해 위안 삼으며 관심을 돌리고 잊으려 애썼다. 어떤 방법도 나를 치유할 수 없었다. 실망과 죄책감, 낮은 자존감, 공허함으로 더욱 우울해지고 상처는 깊어졌다. 어린 시절 기억쓰기는 아픈 상처의 원인을 찾기 위해 뿌리를 조명하는 MRI 검사와 비슷했다.

내 인생은 어린 시절 기억쓰기 전과 후로 확연히 구분할 수 있다. 예전의 나는 어떤 사건이 벌어지면 먼저 타인이나 외부 환경을 기준으로 살폈다면 이제는 나에게 먼저 관심을 기울이며 내면의 소리에 집중한다.

　"저 사람은 왜 저 모양이야? 이렇게 불공평하고 억울한 일이라니!" 이런 질문이 꼬리를 물수록 원망과 불평 올라와 부대꼈다. 하지만 나에게 집중하면서 질문이 바뀌었다.

　"지금 내가 느끼는 감정은 뭐지? 왜 이렇게 느낄까? 내가 지금 하는 행동은 뭐지? 내가 원하는 목표는 무엇일까? 왜 이 생각을 할까?"

　"내가 갈망하는 욕구는 무엇일까? 나는 왜 자신을 무가치하게 여길까? 나는 왜 자존감이 낮을까? 내가 사랑받는 존재라고 느낄 때는 언제일까?"

　나를 먼저 살피기 시작하자 고민 가득한 질문이 바람처럼 생각 덩어리를 몰고 다녔다. 어려운 시험문제 답을 찾느라 끙끙거릴 때 발견한 수학 공식의 위력처럼 어린 시절 기억쓰기는 인생을 안내하는 길 같았다. 인식의 전환은 가치관을 변화시켰다.

　삶의 여러 상황이 크게 달라진 것은 없지만 나는 마음의 평안을 누리기 시작했다. 행복은 있는 그대로의 내 모습을 사랑하는 데서 시작되었다. 남편과 자녀, 부모와 형제들도 있는 그대로 인정하고 이해하면서 사랑이 숨 쉬는 관계로 바뀌었다. 남편과 자녀의 변화는 덤으로 얻은 축복이었다. 힘들고 고통스러운 문제가 사라진 것은 아니었다. 하지만 그 문제를 바라보고 해석하는 내 관점이 바뀌었다. 이런 변화는 앞으로 어떻게 살아가야 할지 삶의 방향을 캐묻는 질문으로 발전했다.

"나에게 어떤 재능이 있을까?
앞으로 극복해야 할 점은 무엇일까?
내 삶의 목적은 무엇일까?
나는 누구인가?"

예전에는 노력한 만큼 성과를 얻으면 자신감이 충만하고 행복했지만, 오래가지 못했다. 행복을 제대로 맛보기도 전에 벌써 더 높은 것을, 더 큰 것을 향해 쫓아가기에 급급했기 때문이었다. 조금이라도 머뭇거리면 혼자만 뒤 쳐지는 것 같아 불안했다. 애써 이뤄 놓은 것을 누군가에게 빼앗길까 걱정이었다. 더 열심히 일에 빠지고 생각할 시간이 없어야 불안하지 않았다. 계속 돌아가는 쳇바퀴에 올라탄 삶, 쉴 수도 내려올 수 없는 쳇바퀴를 더 빠르게 돌리면 참된 행복을 만날 수 있다고 생각한 나날들이었다.

어린 시절 기억쓰기를 통해 중요한 사실을 하나 더 발견했다.

어린 시절에 겪은 여러 가지 사건들은 내게 어떤 면을 계속 훈련하게 만들었고 모나고 부족한 부분을 계속 단련시켰다는 점이었다. 원망스럽기만 했던 힘든 일들이 현재의 나를 있게 만든 밑거름이었다. 여전히 일어나는 사건은 아직도 내가 어떤 신념에 얽매인 부분이 많다는 증거였다. 나를 한 발씩 더 자유롭게 하기 위한 몸부림으로 받아들였다. 이제는 절망하고 나락으로 떨어지기를 반복하던 때와 달라졌다. 한 단계씩 성장해가는 나를 발견할 수 있는 시간이었다. 용기가 났다.

때때로 다가오는 고난을 선뜻 즐거운 마음으로 받아들이기 힘들지만 어떤 어려움 앞에서도 절망하지 않고 인내할 용기가 생겼다. 불안이 사라졌다. 나와 타인의 관계를 차분히 지켜볼 수 있었다. 마음의 평안은 세상에서 누릴 수 있는 가장 큰 축복이다.

6년 전 보험영업을 정리하고 보험상품을 교육하는 강사로 활동을 시작했다. 남편은 내가 제대로 길을 찾아간다며 기뻐했다. 남들 앞에서는 분명히 그렇게 자랑했는데 뒷말은 달랐다.

"이제 나 없이도 문제없이 잘 살겠네."

조금이라도 서운한 마음이 들거나 갈등이 생기면 내게 잘 어울리는 사람을 찾아 떠나라고 수시로 말했다. 이해하기 어려웠다. 내가 신앙생활을 열심히 할 때는 이렇게 말하곤 했다.

"난 앞으로도 교회 다니지 않을 테니 당신에게 잘 어울리는 사람을 일찌감치 찾아가라." 교회에 열심을 내는 모습이 못마땅해서 그런가 보다 하고 넘어갔었다.

4년 전부터는 시간을 쪼개 책을 읽고 글을 쓰면서 내가 진심으로 좋아하는 길을 찾았다. 남편은 기뻐하며 신기해하더니 부러워하는 눈치였다. 시간이 지날수록 남편은 눈치를 주며 지금와서 그렇게 책을 봐서 무엇에 쓸 거냐고 따졌다. 밤늦게까지 책을 보고 있으면 전기를 끊어야 한다며 화를 냈다. 자신과는 취향이 맞지 않으니 잘 어울리는 사람을 찾아가라는 말을 또 꺼냈다. 내가 상대에게 필요한 사람, 도움을 줄 수 있는 사람이라야 사랑받는다는 가치관이 남편의 머릿속을 차지하고 있다는 증거였다. 남편은 자신이 도움을 줄 수 없는 벽이 생기자 불안한 마음을 숨기고 반대로 표현한 것 같았다. 처음에는 남편의 말을 곧이곧대로 받아들여 심각하게 걱정하곤 했다.

툭하면 잘 어울리는 사람 찾아가라는 남편의 말을 도무지 이해할 수 없었다. 속상했다. 지금은 남편의 말속에 담긴 의미를 이해한다. 그래서 이렇게 덧붙인다.

"왜 꼭 남자가 있어야 하는데? 책하고 결혼할 건데."

어쩌면 남편의 사업이 번창하면 내게도 비슷한 불안이 생길지 모른다는 생각이 들었다. 나도 이렇게 말할지도 모른다.

"사업을 도와 함께 할 수 있는 여자를 만나."

나는 새로운 것을 배우거나 깨달으면 나누기를 좋아하는 편이었고 남편이 그만하라고 할 때까지 이야기했다. 함께 서로 어린 시절 이야기를 나눌 때 행복했다. 덕분에 자기도 도움을 받아 많이 변화되었노라고 정말 고맙다고 그가 말할 때 뿌듯했다.

∵

우리 부부는 서로 성격이 다르고 추구하는 방향이 달라 함께 하기 어렵다며 섣불리 결론을 내리고 불안해할 때가 많았다. 가족은 존재 자체로 서로에게 소중한 사람이라는 생각을 미처 못 했다. 내 의견을 무시하고 상대방 의견을 무조건 따라주는 것이 배려라고 믿었던 때도 있었다. 아무리 잘해주어도 상대의 마음을 다 만족하게 할 수는 없었다. 억지로 참다 보면 억울하고 서운한 마음만 쌓였다. 어느 순간 폭발하거나 끝까지 참다가 마음의 병이 생길 것 같았다. 서로를 인정하고 배려하며 존중할 때, 서로의 진심과 생각을 나눌 때 아름다운 부부가 된다는 것을 부딪치고 깨지기를 반복하며 배워가고 있다.

박노해 시인의 「도토리 두 알」이란 시를 읽었다. 비교하기를 일삼는 내게 정말 중요한 것은 참나무가 되는 것임을 알았다. 나의 소중함을 알면서 참된 나를 알아가는 기쁨이 바로 시인이 말하는 참나무가 아닐까?

 산길에서 주워든 도토리 두 알
 한 알은 작고 보잘것 없는 도토리
 한 알은 크고 윤나는 도토리

 나는 손바닥의 도토리 두 알을 바라본다

 너희도 필사적으로 경쟁했는가
 내가 더 크고 더 빛나는 존재라고
 땅바닥에 떨어질 때까지 싸웠는가

 진정 무엇이 더 중요한가

 크고 윤나는 도토리가 되는 것은
 청설모나 멧돼지에게나 중요한 일
 삶에서 훨씬 더 중요한 건 참나무가 되는 것

나는 작고 보잘것 없는 도토리를

멀리 빈숲으로 힘껏 던져주었다

울지 마라, 너는 묻혀서 참나무가 되리니

　-박노해, 「도토리 두 알」 전문

︙

"나는 사랑을 많이 못 받았지만, 너희에게는 사랑을 듬뿍 주고 싶었다. 자식을 낳을 줄만 알았지, 사랑할 줄 몰랐단다. 나는 엄마 얼굴도 모르고 자라 부모 사랑이 무엇인지 알지 못한 데다 글자 한 자 배우지 못해 사랑이 무엇인지도 몰랐다. 네 아버지한테 속상한 마음을 너한테 화풀이할 때가 많았다. 엄마가 미안하구나."

얼마 전에 들었던 엄마의 말이다. 내가 유튜브에서 낭독한 초등학교 4학년 때 쓴 일기를 들은 후였다. 엄마가 아파서 내가 겨우내 매일 밥을 지으며 목숨보다도 더 소중한 우리 엄마가 빨리 건강하길 바란다는 일기 내용이었다.

"어른도 추운 부엌에서 나무를 때 밥하기 힘든데 겨울에 어린 네가 얼마나 힘들었을까? 농사철마다 결석하기 싫다고 울면서 매 맞고, 그 먼 산길을 걸어 다니며 고생만 시켰는데 어린 네가 엄마를 목숨처럼 사랑했다니."

어린 나이에 부모를 여의고 큰오빠 밑에서 조카를 키우고 집안 살림하기에 바빴던 엄마, 학교에 보내 달라는 말은 매번 무시당하고 가슴 아팠을 엄마, 자식을 위해 희생만 한 엄마를 생각하니 눈물을 주체할 수 없었다. 그 후에도 엄마는 몇 번이나 더 나에게 사랑한다고 말했다.

엄마는 가끔 생활비를 아껴서 모은 돈을 주었다. 학교에서만 운동화를 신고 교문을 나서 산길로 다닐 때는 검정 고무신으로 갈아 신었다는 일기를 낭독한 적이 있었다. 운동화를 가방에 넣어 다녔는데 깜빡하고 안 갈아 신은 날 선생님이 "어, 성남이 신 좋네." 해서 얼굴이 화끈거리고 창피해 고개를 푹 숙였다는 일기 내용을 유튜브에서 들은 후 운동화를 사 신으라고 돈을 주었다. 매번 얻어 온 옷을 엄마가 줄여주었는데 친구와 이웃 아줌마가 수군대며 놀렸다는 일기를 들은 날은 옷을 사 입으라고 돈을 주기도 했다. 엄마의 아픈 마음을 덜어주려고 그 돈을 받으며 울컥했다.

나는 엄마를 엄마로서 인정하지 못했다. 엄마는 가엾은 사람, 보호해야 할 사람으로 생각했다. 죄책감과 미안한 마음도 엄마의 자리를 차지했다. 이렇다 보니 부모로서 갖는 권위와 존중을 몰랐다. 엄마와 무엇이든 의논한 적이 없었다. 결혼할 때도 내가 결정한 후 남편감이라는 식의 통보를 했었다. 매사 걱정을 끼치고 싶지 않은 마음도 컸지만, 엄마한테 의논해 봤자 도움이 되지 않는다는 마음도 있었다. 엄마를 무시하는 마음과 내 교만한 마음으로부터 기인한 것이라는 생각이 들자 고개를 들 수 없을 만큼 죄송했다.

어릴 때부터 혼자 결정하는 것이 습관으로 굳은 탓도 있지만, 엄마의 권위를 인정하고 존중하지 못한 점은 내가 풀어야 할 과제였다. 딸이 엄마의 뜻을 묻고, 삶의 지혜를 경청하며 배우려는 마음이 전달될 때 엄마는 얼마나 기뻐할까? 딸이 무엇을 해드리거나 돕는 것보다 훨씬 큰 존재감을 느끼실 것이라는 생각이 들었다. 작은 일에도 엄마의 의견을 물어 도움을 요청하고 엄마의 생각을 진심으로 존중하는 연습을 하고 있다.

"자식을 위해 헌신과 사랑으로 평생을 살아오신 엄마, 당신은 온몸으로 진정한 사랑이 무엇인지 가르쳐 주셨어요. 제 엄마로 살아주어 정말 감사합니다. 엄마라고 부르면 언제든 대답하시니 너무나 행복합니다. 엄마가 자랑스러워요." 나도 용기를 내어 표현했다.

엄마는 몇 년째 한글 공부에 여념이 없다. 돌아서면 잊어버린다고 한탄하기도 하고 죽을 때가 되어 배워서 뭐 하겠냐고 하면서도 얼마나 열심히 배우는지 모른다. 장하신 엄마! 이제 제법 띄엄띄엄 문장을 읽는 모습에 감동해 눈물이 났다. 엄마의 열정과 끝까지 포기하지 않는 인내를 배우고 있다.

∷

중학교 3학년 때였다. 단칸방에 어린 동생 셋과 나, 부모님 여섯 식구가 살았다. 모두 나란히 누우면 빈자리가 없었다. 산골에서 전학 온 후 공부만 열심히 했다. 학교를 마치고 집으로 오면 TV 소리가 귓전에 맴돌아 공부에 집중할 수 없었다. 고등학교 입학시험까지 몇 달 동안만 TV를 보지 말자고 아버지께 부탁했다. 동생뿐 아니라 아버지도 TV를 좋아했기 때문에 허락하지 않았다.

어느 날 몰래 TV 뒤 연결선을 빼놓았다. 아버지는 못 이기는 척 넘어갔다. 남동생이 TV 보고 싶다고 매일 졸라도 참았다. 덕분에 고등학교에 수석으로 입학할 수 있었다. 아버지의 이해와 사랑이었기에 가능했음을 이제야 깨달았다. 복숭아를 좋아하던 아버지는 90세 되던 해 하늘나라로 먼 여행을 떠났다. 그리움만큼이나 복숭아꽃은 피고 졌다. 시간이 흐를수록 아버지에 대한 그리움이 새록새록 피어났다.

아버지의 삶은 내가 판단할 대상이 아니었다. 시대의 아픔이었고 아버지와 가족 모두의 아픔이었다. 가난하고 능력 없어 보였던 아버지의 모습이 전부가 아니라는 것을 이제는 잘 안다.

아버지는 인자하고 자식 사랑이 특별한 분이었다. 조선 시대에 태어났더라면 말 그대로 양반이었을 것이다. 아버지는 시대를 앞서가는 분이었다. 언니들에게도 기술을 가르쳐야 한다며 편물 기술을 가르치고 전화 교환 학원을 보냈다. 공부에 취미가 없는 남동생은 기술을 배워야 한다며 공고를 졸업시킨 후 지금의 폴리텍대학 직업훈련 학교로 보냈다.

아버지는 엄마를 일찍 여읜 큰언니를 불쌍히 여기고 누구보다 더 챙겼다. 큰언니는 아버지의 사랑을 넘치게 받았다며 아버지 이야기를 종종 꺼냈다. 병치레가 많았던 언니를 9살까지 업고 다녔다고 했다. 20살까지도 아버지 다리에 누워있으면 귀지를 파 주었다고 했다. 일찌감치 옷을 짜는 편물 기술을 가르쳐 주고 편물기계를 사주어 직장에서 기술자 대접받았다고 언니는 자랑했다.

아버지 마음속에 딸에 대한 사랑도 크게 자리를 잡고 있었다는 것을 뒤늦게 깨달았다. 나를 향한 아버지 사랑은 미처 알아보지 못하고 남동생을 향한 사랑만 질투하고 욕심을 부렸다. 요사이 숨겨진 보물 찾듯 아버지의 사랑을 하나씩 발견하고 있다.

두 딸의 불만을 들으며 내 나름의 사랑을 두 딸에게 다르게 표현하고 있는 내가 보였다. 각자에게 알맞게 필요한 사랑을 나눠주지만, 딸은 서로 비교하면서 불만을 표현했다. 자식들 각자에게 알맞은 사랑을 아버지 방식대로 나눠주었다는 것을 왜 몰랐을까?

아버지를 이해하는 마음이 싹트자 아버지의 사랑에 불만만 쌓였던 마음이 녹아내리고 뜨거운 눈물이 났다. 내 어딘가에 흐르고 있을 아버지의 훌륭한 유전자를 생각하며 아버지의 딸인 것이 자랑스럽다. 강물처럼 흐르는 아버지의 사랑이 전해왔다. 아버지로서 최선을 다하고 선한 삶의 본보기를 보여준 아버지의 사랑이 느껴져 그리웠다. 존경하는 마음도 싹트기 시작했다.

응원할게

 나는 부모의 칭찬과 인정을 받으려 애썼지만 쉽지 않았다. 아버지는 내가 반에서 1등을 하거나 상을 받아 가도 별로 기뻐하진 않았다. 전교 1등이 기준이었다. 엄마는 집안 살림을 워낙 깔끔하게 잘했던 분이라 내가 하는 집안일은 칭찬과 거리가 멀었다. 대신 엄마는 내가 성적이 좋은 점을 무척 흐뭇해했다. 나는 공부가 전부라고 믿었다. 두 딸을 키우며 나도 자연스럽게 칭찬에 인색했다.

 나는 부모의 꾸지람이나 무관심, 남동생과의 차별, 심지어 잔소리마저도 내 존재에 대한 거부로 받아들였다. 바쁜 농촌에서 공감이나 보살핌을 받지 못하고 스스로 모든 것을 판단하고 결정하며 감정을 수습해야 할 때가 많았다. 정서적인 방치 가운데 어린 시절을 보낸 셈이었다.

어릴 때부터 스며든 부모의 양육 태도는 고스란히 내 가치관에 영향을 미쳤다. 이렇게 형성된 가치관이나 삶의 방식, 태도는 내게서 끝나는 것이 아니었다. 어느 날 딸이 하는 행동이 거울 속의 나를 보는 것과 똑같은 느낌이 들 때 소름이 끼쳤다. 딸들이 부모의 좋은 점만 닮아주길 바랐지만 반대로 가장 싫어하는 내 단점과 남편의 미운 점만 쏙 빼닮은 것 같았다. 암담했다. 가장 좋은 것은 물려주지 못해도 자녀에게 내 상처의 쓴 뿌리만은 절대 대물려 주고 싶지 않았다. 이미 늦어버린 것 같아 안타까웠다.

내게 이상적인 남성상은 잘생겼거나 경제적 능력 혹은 인간성이 좋고 신사 같은 남자가 아니었다. 무언가 내 가슴을 아프게 자극하거나 도움이 절실히 필요할 듯한 남자에게 마음이 끌렸다. 실제로 그런 감정이 사랑으로 이어졌다. 외롭고 고독한 사람이 내 가슴을 파고들었고 결국 결혼으로 이어졌다. 딸이 남자 친구를 만나는데 그런 친구에게 끌려 사귀는 모습에 낙담했다. 나는 결혼에 실패했어도 딸만은 좋은 남자를 만나 행복하게 살기를 바라던 마음이 돌을 맞은 기분이었다. 상대에게 도움을 줄 수 있는 필요한 사람이 될 때 자신이 사랑받는 존재가 된다는 믿음을 그대로 대물림한 것이다. 아킬레스건 같은 내 약점을 꼭 빼닮은 딸을 보는 마음은 쓰리다 못해 화가 치솟았다.

나는 딸을 바꾸려 애썼다. 처음부터 습관을 제대로 잡아주면 괜찮아질 거라고 신경을 썼다. 소용이 없었다. 내가 먼저 바뀌어야 한다는 생각은 아예 못했다. 딸만 바뀌면 그만이라고 믿었다. 내가 변하지 않으면 딸도 바뀌지 않는다는 사실을 깨달은 것은 어린 시절 기억쓰기를 하고 난 후였다. 내가 어린 시절 기억쓰기를 반드시 해야 했던 또 하나의 이유였다. 나는 새로운 인생의 씨앗을 심었다.

::

죄책감은 책임감이란 탈을 쓰고 왔다. 뜻대로 일이 풀리지 않으면 내 책임이라고 자책했다. 딸들이 학교에서 무슨 문제를 일으켜도, 성적이 좋지 않아도, 취직을 못 해도 다 잘 키우지 못한 내 책임이라고 느꼈다. 딸이 놀다가 새벽에 들어오는 날이 많아지면 이런 생각이 들었다. '편안한 집안 분위기를 만들지 못해 그럴 거야. 다른 엄마들처럼 다정다감한 대화를 하지 못하기 때문일 거야.'

'어떻게 해야 딸의 잘못된 행동을 고칠 수 있을까?' 하는 생각이 머리에서 떠나지 않았다. 남편은 늦어지는 딸의 귀가에 대해 자신을 무시하기 때문이라며 불편한 심기를 드러냈다. 가뜩이나 죄책감이 큰 나는 남편 눈치까지 봐야 했다. 떳떳하게 딸의 잘못에 대해 말하기도 힘들고 중간에서 괴로웠다. 새벽에 현관 비밀번호를 누르는 소리가 들리면 잠에서 깨 가슴이 두근거렸다.

그 시기에 왜 그렇게 딸이 방황했는지 지금은 짐작할 수 있다. 청년기의 가슴앓이였다. 막상 대학을 졸업하고 취직해도 자신이 하고 싶은 것, 좋아하는 것이 무엇인지, 꿈이 무엇인지 알지 못하는 데서 오는 고민과 불안이었다. 흔들리는 자아 정체성에 대한 고민을 잊기 위해 친구와 함께 술을 마시며 방황하던 시기였다.

두 딸은 신기할 만큼 정반대의 성격을 가졌다. 첫째는 어지럽히기를 잘하고 둘째는 정리를 잘했다. 아무리 잔소리해도 고쳐지지 않았다. 벗은 양말은 꼭 화장실 앞에 있고 쓴 수건은 방바닥에 널브러져 있었다. 옷은 여기저기에 걸쳐져 있거나 바닥에 쌓였다. 첫째가 밤에 가위에 눌린다며 둘째와 방을 같이 쓸 때 둘째 딸이 스트레스를 많이 받았다. 내 죄책감이 또 발동했다. 어릴 때부터 습관을 제대로 들이지 못한 내 잘못으로 여겼다.

설득하며 타이르기도 하고 야단을 치고 잔소리도 수없이 했지만 고쳐지지 않는 큰딸을 보며 실의에 빠졌다.

3년 전, 우리 부부는 두 딸과 함께 살던 집을 나와 따로 살기를 결정했다. 첫째는 프리랜서로 용돈벌이 정도 하고 둘째는 막 취직했을 때였다. 처음에 남편이 제안했을 때 서운했지만 20대 중반이 된 딸들을 계속 내가 품고 있기보다 독립시키는 편이 딸들을 위한 길이라는 생각에 바로 실행했다. 막상 날짜가 다가오자 걱정이 한 보따리였다. 따뜻한 밥이랑 반찬을 해주지 못한다는 사실이 마음 아팠다. 밥 한 그릇이 사랑의 전부가 아니라고 마음을 다졌다. 한 달 동안 집 안 구석구석을 정리하고, 청소하며 내 마음을 달랬다. 차로 15분 거리인데도 멀리 지구 반대편으로 떨어지는 것처럼 혼자 가슴앓이를 했다. 독립한 주인공은 딸들이 아니라 나였다.

딸들은 보란 듯이 잘 살고 있었다. 얼마나 깨끗하게 청소하고 정리를 잘해놓고 있는지, 요리도 제법 잘해서 밥도 잘 챙겨 먹었다. 여전히 둘째가 청소를 다 하고 있지만 첫째의 어지르는 습관이 제법 고쳐지고 있었다. 딸들은 서로 좋은 점을 배우며 부족한 점을 보완하고 있었다. 나무랄 데 없이 잘하고 있었다.

딸들이 가족여행을 가고 싶다고 먼저 말해서 얼마 전 보길도에 다녀왔다. 이제는 딸들이 엄마를 잘 챙겨준다. 늘 싸우고 서로 투덜거리던 두 딸은 사이가 좋아져 끈끈한 자매의 정을 보여주고 있다.

가족이 각자 자리를 지키며 잘 사는 모습이 감사하다. 무엇을 제대로 잘하지 못하더라도, 어리석은 판단을 할지라도, 부족하기 짝이 없어도 서로 믿고 기다리는 시간이 필요했다. 가족 모두에게 내 생각만 강요만 하던 자신이 부끄러웠다. 서로 사랑의 언어가 다르고 생각이 다르다는 것을 이제야 깨닫는다.

두 딸은 세상을 향해 그윽한 향기를 뿜으며 아름다운 꽃처럼 피어나고 있다. 들판에는 온갖 생물이 자기 자리에서 아름다움을 빚어낸다. 어떤 잡초든 어떤 꽃이든 돌멩이든 모두 그 나름의 존재 이유가 있다. 서로 조화를 이루며 그들만의 세상을 만들어가는 법을 익히고 있다.

··

둘째가 어린이집 실습할 때였다. 4주 실습을 마치면 보육교사 자격증도 주어진다. 딸은 2주 차에 많이 힘들다고 했다. 그동안 어린이집과 유치원에서 참관수업도 하고 아르바이트도 하면서 잘 해왔다. 그런데 유독 이곳 어린이집은 너무 힘들어 못 하겠다 호소했다. 교수님과 밤늦도록 통화를 하며 우는 모습을 지켜보자니 안타까웠다. 자격증 하나보다도 앞으로 사람들과 관계에서 어려움이 닥칠 때마다 쉽게 포기해버릴까 봐 걱정이 앞섰다.

'참고 이겨내야지. 이렇게 쉽게 포기해서 앞으로 무슨 일을 하겠니? 엄마는 아무리 힘든 일도 너희 생각하면서 참고 이겨냈어. 더 힘든 일도 많을 텐데 조금만 더 참아보자.' 다행히 이 말은 머릿속으로 쏟아내고 입 밖으로 나가지 않았다.

"너처럼 아이들 좋아하고 일머리가 뛰어나 뭐든 척척 잘하는 사람이 세상에 어디 있어? 누가 널 이렇게 힘들게 하니? 그 선생님이 너무 심한 것 같네. 네가 얼마나 힘들면 이렇게 중요한 상황에서 포기한다고 말하겠니? 엄마는 네 결정을 믿는다. 교수님과 잘 상의해 보고 결정해. 네가 어떤 결정을 내리든 믿을게. 엄마는 항상 네 편이야. 억울한 거 있으면 다 이야기해. 울고 싶으면 실컷 울어."

참고 이겨내기를 바라는 간절한 마음이 뒤섞인 말이었지만 평소의 나다운 말은 아니었다. 상대방을 이해해 보라는 둥 바람직해 보이는 말, 당위성을 강요하는 말이 가장 나다운 말이었다. 그러나 목구멍까지 올라온 예전의 내 모습을 꾹 참고 이겨냈다. 딸은 결국 어린이집 실습을 그만두었다. '내가 아는 다른 어린이집에 얘기해서 실습을 마치도록 해야 하나, 어떻게 해야 하나?' 별생각을 다 했지만, 이 방법 또한 꾹 참았다. 다른 유치원에서 실습을 잘 마무리했다.

미덥지 못해 조바심치며 늘 딸의 인생에 끼어들었었다. 인생이 잘못되지 않을까 하는 불안에 휩싸여 딸의 능력에 한계를 지웠다. 딸이 내 생일에 편지를 주었다. "엄마, 그때 엄마 생각대로 강요하지 않고, 내 결정을 믿고 존중해 줘서 정말 고마웠어요." 초등학생이 선생님께 칭찬받은 것처럼 기뻤다. 이렇게 엄마와 딸은 보이지 않던 벽을 허물고 마음을 주고받으며 친밀감을 쌓고 있다.

딸이 유치원교사로 출근하던 첫날 가슴이 설렜다. 꿈만 같았다. 아이가 다녔던 유치원이었는데 야무지게 잘하고 있다고 원장님의 칭찬 전화를 종종 받았다. 딸은 일 년을 채우고 나더니 자신이 꿈꾸던 유치원교사가 아니라며 사표를 썼다. '계속 유치원에 다니면서 새로운 일을 준비하면 좋지 않을까?' 딸의 사표를 만류하고 싶은 마음이 올라왔지만 접었다. 딸을 한 번 더 믿고 지켜봐 주기로 마음 먹었다.

딸은 쉬는 동안 도자기 수업도 듣고 실내 인테리어를 해보더니 인테리어 학원도 다니고, 향초 만들기 자격증반을 수강했다. 이것저것 경험하다가 자동차 전기 배터리를 만드는 회사에 취직했다. 주야 교대 근무를 하며 단순 작업을 하는 딸을 보기가 안타까웠지만 기다렸다. 딸은 회사에 다니며 부업으로 향초를 만들어 인터넷 판매를 해보겠다며 스마트 스토어 사업자도 냈다. 인체에 무해하다는 시험 성적서 신청 등 생각보다 복잡한 절차와 많은 시간과 비용을 투자하더니 쉬는 날에도 다양한 향초 만들기에 바빴다. SNS로 향초를 홍보하며 한두 개씩 들어오는 주문에 기뻐했다. 지금은 아예 회사를 그만두고 향초 공방을 오픈하여 딸의 길을 씩씩하게 가고 있다. 요사이는 향초 만들기 체험 수업 프로그램을 운영하느라 바쁘다.

둘째 딸은 내게 없는 좋은 점들이 많이 있다. 그런 장점을 전혀 볼 줄 몰랐다. 어리다는 이유로 내 생각대로 강요했던 일이 얼마나 많았는가! 물론 딸을 사랑하는 마음이었고 딸을 위해서였다. 하지만 깊숙한 내면을 살펴보면 딸을 내 분신, 내 소유물로, 내 꿈을 대신 이뤄줄 대상, 내 욕구를 채워줄 대상으로 생각하고 있었다. 이런 생각들이 아이의 무한한 가능성을 꺾고 가로막았는지 모른다. 딸이 가진 고유한 인격과 성품, 재능과 앞으로 펼쳐갈 꿈을 존중하며 응원하고 있다.

"내가 왜 여기에서 일하고 있는지 모르겠어요. 시간이 아까워요." 퇴근하고 돌아온 첫째 딸이 이야기했다. 졸업 후 취직한 회사에서 6개월 정도 근무하고, 일 년 남짓 쉬었다가 들어간 직장인데 또 그만두겠다는 말에 신경이 곤두섰다. 머리가 복잡해졌지만 왜 그런 결정을 했는지 이유만 묻고 하고 싶은 말을 자제했다. "앞으로 무엇을 할지 고민해 보고, 배우고 싶은 건 없는지 찾아봐. 하루 일정표를 짜서 계획적으로 보내." 예전에 수없이 쏟아내던 말 대신 분위기 좋은 곳에서 맛있는 것을 사는 것으로 대신했다. 『자존감 수업』이라는 책을 선물했다. 앞으로 어떻게 할 것인지 보채지 않았.

딸은 첫 직장을 그만두고 쉴 때와는 사뭇 달랐다. 밤마다 친구를 만나러 나가 새벽까지 놀다 와서 낮에는 잠만 자고 깨어서는 뒹굴뒹굴하며 휴대폰만 쳐다보던 딸이 아니었다. 딸이 아침에 일찍 일어나 책을 펼쳐 읽고 독서 노트를 쓰고, 영어 공부도 했다. 이른 새벽에 어디를 다녀왔다. 알고 보니 체육관에서 하는 수영장과 헬스를 등록하려고 새벽에 가서 줄을 서서 접수했단다. 기적 같았다.

한때 딸과 갈등이 있었다. 마음을 잡지 못하고 갈팡질팡하는 딸이 못마땅해서 한소리를 했더니 딸이 따졌다. "제 인생에서 중요한 결정은 내가 한 번도 못 하고 모두 엄마 뜻대로 했잖아요! 고등학교 입학할 때도 실업계를 가서 잘하고 싶었는데 엄마가 인문계를 강요했죠. 대학 갈 때도 식품영양학과를 가고 싶었는데 엄마가 제과제빵과를 가라고 해서 할 수 없이 선택했잖아요. 엄마는 모두 엄마 뜻대로 결정하고 살면서 내 인생을 왜 엄마 마음대로 결정하세요? 제가 하고 싶은 대로 한 것이 하나도 없어요!" 딸은 서럽게 흐느껴 울었다. 마음이 아팠다.

"뭐든 자기 마음대로 결정하고 나면 후회할 일이 없겠니?"

"보험 일은 엄마 적성에 잘 맞잖아요." 기가 차 말문이 막혔다. "보험영업이 얼마나 힘든지 알기나 하니?" 힘들어도 꾹꾹 참았던 울음이 봇물 터지듯 흘렀다. 20년 가까운 세월 딸들을 위해 오뚝이처럼 살았는데 이런 말을 들으려고 고생했나 싶어 가슴이 무너져 내렸다.

딸의 말을 듣고 며칠 마음이 불편하고 서운하기 짝이 없었다. 딸의 이야기는 사실이었다. '둘째 때문에 얼마나 힘든데 첫째마저 공부를 등한시한다면 어쩌지?' 실업계에 가면 공부에는 관심이 없고 놀기 좋아하는 아이들과 휩쓸려 다닐까 불안했다. 둘이 다 그렇게 된다면 내가 살아남을 수 없을 것 같았다. 실업계의 특정 학과를 선택하고 그 길이 평생직장이 된다면 다양한 선택의 기회를 잃어버린다고 믿었다. 무엇보다 내 자존심이 허락하지 않아 고집을 세웠다. 후회가 밀려왔다. 20대 중반의 딸아이가 스스로 무엇을 해야 할지 몰라 고민하고 방황하는 이유가 내 탓인 것 같았다. 솔직한 마음을 담아 편지를 썼다.

사랑하는 딸아, 고맙구나.

엄마 뱃속에서 툭툭 발길질하던 때가 엊그제 같은데 네가 어엿한 아가씨로 자랐어. 너를 만나기 위해 엄마는 매일 태교 일기를 쓰고 뱃속의 너와 항상 이야기를 주고받았지. 엄마는 입덧이 심해 누워있다가도 딸기만 보면 입맛이 살아났는데 넌 아기 때부터 딸기를 좋아하더구나.

혹시 엄마를 닮아 음치가 될까 봐 음악을 들려주고 키가 작을까 봐 발 마사지도 해주었단다. 틈만 나면 동화책을 읽어주지. 너에게 가장 좋은 것을 다 주고 싶었던 엄마의 마음이었다.

어릴 때 가난을 겪으며 엄마에게 결핍된 욕구와 무너진 자존심을 네가 지켜주리라 생각했단다. 혼자 너희를 키우며 잘 키워야겠다는 책임감도 컸어. 둘째가 방황하고 있으니 엄마 말을 잘 듣고 옆에 있는 너에게 더 욕심을 내었구나. 돌이켜보니 할 일만 지시하고 명령하듯 훈계를 늘어놓기 바빴구나. 미안하다.

딸아, 부족한 엄마를 용서하렴. 엄마의 기대와 욕심 때문에 칭찬 한번 해주지 못했구나. 네가 초등학교 4학년 때 엄마를 위해 편지를 써왔을 때도 너의 고사리 같은 마음을 고맙다고 표현하기 전에 틀린 글씨나 지적했던 엄마였잖니.

네 삶의 주인이 되려고 노력하는 네가 대견하다. 이제 걱정은 떨쳐버렸단다. 너처럼 꿈을 잃고 방황하는 청소년을 돕는 게 꿈이라고 했지. 얼마 전에 고등학교에 진로 강연을 한다며 밤새워 자료를 만들고 연습하는 너를 보며 얼마나 흐뭇했는지 모른다.

무엇이든 '힘들다, 못 하겠다.' 하지 않고 씩씩하게 도전하는 우리 딸을 보며 감동이었어. 딸한테 엄마가 많이 배워야겠다고 생각했어.

얼마 전에 네가 스스로 어린 시절 기억쓰기를 하는 걸 보며 놀랐단다. 엄마 가슴이 쿵쾅거렸어. 꿈을 향해 한 걸음씩 가는 네가 정말 자랑스러워. 네 꿈을 마음껏 펼치렴.

나만의 무늬

 내 외모에 자신이 없었다. 신경을 쓰고 꾸미는 것이 부끄러웠다. 거울 보는 게 부끄러워 몰래 슬쩍슬쩍 보는 습관이 있었다. 특히 사람들 앞에서 거울을 보는 것은 스스로 정한 금지사항이었다. 미용실에서도 원하는 헤어스타일을 말하지 못하고 그냥 잘 어울리게 해달라고 말하는 게 전부였다.

 내면의 구겨진 자존감은 차차 펴지고 있었지만, 여전히 자신 없는 부분, 주눅이 드는 부분은 끈질기게 나를 따라다녔다. 사람들 앞에 서면 뭔가 어색한 듯 부자연스러운 느낌을 지우기 어려웠다. '왜 그럴까? 무엇 때문일까?' 분명 원하던 꿈도 찾고 구겨진 자존감도 많이 회복되었는데 뭔가 부족한 자신감 때문에 나는 자유롭지 못했다. 스카프 하나를 둘러도 목도리처럼 둘둘 감고 다녔다. 외모에 시간과 돈을 쓰며 신경을 쓰는 것은 불필요한 사치라는 이유로 애써 무시하고 살았다. 더 깊은 속마음을 열어보면 외적인 아름다움을 간절히 바라고 있지만 숨기고 있었다.

『외모는 자존감이다』 김주미 저자의 이미지 코칭을 추천받았다. 자신을 위해 몇만 원짜리 옷을 살 때도 고민하는데 적지 않는 비용을 들여 이미지 코칭을 받는다는 건 아무리 생각해도 용납하기 어려웠다. 단념하고 잊으려고 하면 자석에 이끌리듯 자꾸 생각이 났다. 용기를 냈다. 어울린다고 입었던 검은색 정장과 각종 의복이 내게는 어울리지 않는 컬러라고 했다. 인생의 절반 동안 나 자신을 부려 먹을 생각만 했지, 챙기고 관리할 생각은 해본 적이 없었다. 나에게 미안한 마음마저 들었다.

내 퍼스널 컬러에 맞는 옷, 헤어스타일, 화장법, 어울리는 옷 스타일, 신발, 안경 고르는 법 등을 배웠다. 신세계였다. 갈수록 변해가는 내 모습이 기특하고 신기했다. 거울 속의 내 모습에 실망할까 일부러 고개를 돌려 피했는데 이제는 살짝 고개를 들어 거울 속 내게 씩 웃음을 보냈다. 나를 쳐다볼 용기가 생겼다.

초등학교 5학년 때였다. 다른 학년 여선생님이 나를 조용히 불렀다. 언니처럼 생각하라며 입던 옷이 작아졌다고 챙겨주었다. 그 후로도 몇 차례 옷을 주어 부모님과 나는 고마워서 어쩔 줄을 몰랐다. 어린 시절, 엄마는 이웃에서 얻어온 옷이나 친척들이 보내온 옷들을 줄여서 내게 입혔다. 내게 어울리는 옷, 마음에 드는 예쁜 옷이란 희망 사항에 불과했다. 크기만 대충 맞으면 감사하게 입어야 했다. 엄마는 바느질 솜씨가 좋았지만 새 옷과는 비교할 수 없었다.

가난했던 기억은 세월이 흐른 지금까지도 나를 지배하고 있었다. 무엇을 입어도 자신이 없었다. 어른이 되어서도 옷을 입을 때마다 뭔가 부끄럽고 뭔가 늘 부족한 것 같아 왠지 모를 주눅이 들었다.

이미지 코칭을 받고 긍정적인 피드백을 충분히 받으니 외모의 자존감이 싹텄다. 불안한 마음이 사라졌다. 만나는 사람마다 더 예뻐졌다는 말을 종종 들었다. 헤어스타일도 잘 어울리고 젊어졌다는 말에 혼자 은근히 미소를 지었다. 남의 평가보다도 자신에 대한 만족감이 높아졌다. 초라한 마음이 사라지고 당당해진 나를 느낄 수 있었다.

자신감에서 묻어 나오는 환한 표정과 눈빛, 미소는 내면과 외면의 조화에서 비롯한 아름다움이었다. 누구와의 비교가 아니었다. 나만의 고유한 가치를 스스로 인정하면서 자신감 있는 표정과 몸짓이 드러났다. 어떤 성공을 이루었는지, 얼마만큼의 부를 소유하고 있는지, 어떤 능력을 갖추었는지가 아니다. 나이와 상관없이, 얼굴이 잘생겼는지 못났는지, 어떤 옷을 입었는지의 문제가 아니었다. 자신만의 아름다움은 길가의 민들레처럼, 제비꽃처럼, 진달래꽃으로 드러난다. 내가 나를 사랑할 때 당당한 아우라가 빛날 수밖에 없다. 자신감 넘치고 행복한 얼굴은 숨길 수 없다. 내면의 변화가 먼저 이루어진 다음 외적 변화가 조화를 이룰 때 온전한 나만의 아름다움은 빛났다.

··

어린 시절 기억쓰기를 막 시작하던 십 년 전이 기억난다. 내 삶은 놀랍게 변했다. 보이는 것은 세월의 흔적이 선물한 새치와 주름살뿐이지만 삶의 질문이 달라졌다. '이 문제는 내 삶에서 어떤 의미일까? 어떻게 이해하고 바라봐야 할까?' 이런 질문들이 나를 행복하게 한다. 고민과 갈등은 언제나 진행 중이지만 숲속에 길이 있다는 것을 이제는 알고 있다. 두려움이 발붙일 자리가 줄어들었다.

나를 사랑하는 과정이 가장 힘들었다. 내가 정말 사랑받을 만한 존재인지, 사랑받고 있는지에 대한 의심은 끝이 없었다. 늘

우월감과 열등감을 반복하며 자신을 보잘것없는 존재로 폄훼하던 습관이 사라지지 않았다. 가족을 사랑의 눈으로 바라보지 못하면 나를 바라보는 시각도 굽어질 수밖에 없었다.

어린 시절 말린 고추나 곡물의 무게를 달 때 사용하는 대저울이 떠오른다. 대의 한쪽에 매달린 쇠고리에 고추가 담긴 마대 포대를 걸고 저울추를 옮겨가며 균형이 잡아 대에 새겨진 눈금을 보고 무게를 알았다. 한참이나 기울어진 대저울에 균형을 맞추는 것은 저울추의 위치다. 자신을 둘러싼 사람들을 바라보는 시선은 거울 속에 나를 보는 눈과 같았다. 그들을 소중하게 바라보지 못할 때 아무리 나를 소중하게 여기고 싶어도 저울은 기울어지고 만다. 비뚤어진 시각으로는 저울의 균형을 잡을 수 없다.

저울추를 옮겨야 균형을 이룬다. 내게 어린 시절 기억쓰기는 저울추 역할을 해주었다. 주변 사람을 진심으로 아끼고 사랑할 때 비로소 그 사랑이 반사되어 나에게 돌아온다는 진리를 알게 해주었다.

지나온 삶을 돌아보며 걸어온 길이 아름답게 보이고, 내가 살아온 삶에 보람을 느낄 때 자신을 긍정적으로 바라보는 눈빛이 생겼다. 내 부모님과 형제자매, 남편, 딸들이 정말 소중하고 사랑하는 가족이라는 생각이 들 때야 비로소 내가 정말 소중하고 가치 있는 사람이라는 영혼의 속삭임이 들렸다. 안팎으로 자존감이 골고루 퍼지는 것이 보였다. 내가 제대로 살고 있다는 생각이 대지를 적시는 빗방울처럼 스며들었다. 꿈틀거리는 새싹이 대지를 뚫고 올라오듯 나는 변화의 태동을 마음껏 느꼈다.

어린 시절 기억의 숲에서 나를 만났다. 나를 찾았다. 내 꿈을 찾았다. 눈물을 외면하지 않고 어린 시절 기억쓰기를 시작했던 내가 고맙고 사랑스럽다.

나를 찾았다

저울추를 옮겨야 균형을 이룬다

에필로그

저마다 어린 시절을 간직하고 있다

 새벽마다 눈이 저절로 떠졌다. 나를 만나러 가는 고요한 시간과 은밀한 공간은 진달래꽃 가득한 에덴동산이었다. 긴 하루가 새벽을 위해 존재하는 것 같았다. 새벽부터 어린 시절 이야기를 기억을 더듬으며 쓰다가 눈물을 펑펑 쏟고 출근하는 날도 많았다.

 새벽을 채우고 나면 맑은 생명수를 양껏 마신 것처럼 생생해졌다. 내가 살아서 숨 쉬는 인간임을 느꼈다. 이 세상에 태어난 목적 중 하나가 이뤄지고 있다는 생각은 온몸의 세포를 흥분시켰다.

에필로그

'영혼이 기쁘다는 말이 이런 것인가?'

피곤을 잊어버리고 내 안에 있는 것을 달달 긁어모아 초고를 완성했다.

그 무렵, 고전을 읽고 쓰고 탐구하며 어떻게 살아갈지를 캐묻는 5년 동안의 별난 공부 **생각학교ASK**를 만났다. 얼어붙은 생각을 깨는 연습을 3년째 하고 있다. 얼마 전에는 호메로스의 『일리아스』와 톨스토이의 『이반 일리치의 죽음』을 토론했다. 지금은 프루스트의 『잃어버린 시간을 찾아서』를 나누고 있다. 매일 읽고 쓰면서 얕은 내 생각의 깊이와 넓이를 더하는 중이다. 새벽마다 우물 아래로 두레박을 내려 물을 퍼 올리고 있다.

오랫동안 묵혀둔 초고를 꺼내 퇴고하는 사이 겨울과 봄이 지났다. 짙푸른 초록으로 가득한 여름을 보며 가슴이 방망이질한다. 익숙한 느낌이다.

고등학교 때, 내가 좋아하는 선생님의 결혼 소식을 들었다. 나는 어린 왕자 책에 있는 그림을 까만 고무판에 밑그림을 그려 조각칼로 선 하나하나를 새겼다. 켄트지를 잘라 꿰매어 책 모양새를 갖추어 어린 왕자 내용을 옮겨 적고, 그림이 그려진 자리에 판화를 찍었다. 마치 생텍쥐페리의 마음을 옮기듯, 선생님을 향한 마음을 한 줄씩 옮겨 적었다. 예쁘게 포장해 결혼식장으로 달려가며 심장이 방망이질 치던 여고 시절이 생각난다.

지금이 바로 그 심정이다. 가장 소중한 날, 가장 존경하던 선생님을 위한 선물처럼 사랑하는 이에게 보내는 선물을 떨리는 두 손에 담았다. 어린 시절 이야기를 간직한 모든 분에게 드리는 선물이다. 내 손에 선물을 들려주신 하나님 은혜에 감사드린다.

우리는 저마다의 어린 시절을 간직하고 있다. 기억 속에 어린 시절이 숨바꼭질하고 있다. 기억의 숲에서 술래잡기하고 있을 그 아이의 손을 꼭 잡아주고 싶다. 이제 당신이 어린 시절 기억 쓰기를 시작할 차례다.

수록 작품 안내

본문에 게재한 그림은 끌로드 모네(Claude Monet, 프랑스, 1840-1926) 작품입니다. 모든 작품은 저작권 보호에 따른 법률을 준수해 배포합니다. 각 작품의 원 제목과 제작 연도, 게재 페이지는 아래를 참고해 주세요.

2~3p
Charing Cross Bridge (1899) Claude Monet

6~7p
Charing Cross Bridge (1900) Claude Monet

13p
Rocks at Belle-Isle, Port-Domois (1886) Claude Monet

18p
The Artist's Garden in Giverny (1900) Claude Monet

20~21p
Valley of the Creuse (Gray Day) (1889) Claude Monet

61p
Seascape (1879) Claude Monet

98p
Blue Water Lilies (1916-1919) Claude Monet

100~101p
Water Lilies (1907) Claude Monet

159p
Haystacks (Effect of Snow and Sun) (1891) Claude Monet

161p
Woman Seated under the Willows (1880) Claude Monet

162-163p
Rough weather at Etretat (1883) Claude Monet

207p
Poplars (1891) Claude Monet

247p
Cliff Walk at Pourville (1882) Claude Monet

248~249p
Poppy Field (1881) Claude Monet

표지
Paul Cézanne(French, 1839-1906)
Les quatre saisons – L'automne (1860)